天下文化
BELIEVE IN READING

勇闖天涯 翻轉人生

寫給年輕人20個築夢踏實的故事

王怡蓁、王珍翊
王維玲、朱乙真
李偉麟、沈勤譽、陳慧玲——採訪撰文

CONTENT

序

01

在世界地圖上標注自己

離開舒適圈

02 貢獻所學 在專業領域發揮影響力

03 傳承人生智慧 驅動產業前進的力量

序

勇闖世界 創造自我價值與未來的路

陳良基 科技部部長

在擔任科技部長的身分外，我也是一位學者、科學工作者，同時，對於這塊土地教育現況更存有深切關懷；尤其多年來，看著台灣善用科技促進社會經濟發展，並在全球競爭的環境下，占有一席重要地位，相當難能可貴，而台灣能做到這種程度，我認為人才是一個關鍵點。

在我眼中，台灣年輕人一代比一代強，擁有多元化的能力與創意，與國際人才來比，可說是一點都不遜色。從政府的角度來看，我們更應該把環境經營好，讓這麼棒的年輕人得以完整發揮能力。

不過因為台灣很小，所以能力發揮的自我期許一定要放眼全世界才行。尤其現在我們面對一個相連的世界，全球各國變化的交互作用與相互影響性相對更高，任何事物都與台灣有關，所以希望年輕人能變成世界重大議題的問題解答者，並且勇於承擔不一樣的時代使命。

在本書中，報導了一群在海外奮鬥打拚的人士，並將他們發光發熱、撼動人心的故事化為文字，鼓勵所有台灣年輕人，勇闖世界，打開國際視野，以世界為舞台，盡情揮灑才能，創造自己最大的價值！

這二十位來自不同領域的專業人士、年輕學者及創業家，好幾位我曾經接觸過，也很欣賞他們，在與其相處交談中發現：這些人並不是一夕之間就變得這麼厲害，而是經過許多琢磨與歷程，才累積出現今的成果。

譬如，百進生技的賴正光總裁，面對癌症這樣曾經令人類感到束手無策的病症，他提出的解決方法就是從抗體著手，走別人沒有走過的路。當時有些人覺得行不通，可是最後證明是可行的。他曾經告訴我，早期沒有人看好他的研究取徑，他便自己慢慢摸索出一個不同的研發與經營模式。

至於Taboola副總裁俞寧寧，曾經參與七次創業成功，成果陸續被美國主流企業收購或上市，在競爭激烈的全球高科技產業中闖出一片天。她與我碰面談話時，我深感她商業眼光之精準，並且擁有整合技術以及人才的快速行動力，但她也曾經陷入資金燒光的窘境，最後是靠著堅定的信念才挺過去。

書中介紹的這些人物，在他們的奮鬥歷程中，並沒有前輩將台階鋪好、轎子擺好，也曾經碰到很多困難，但他們沒有逃避，而是去思考如何把困難當成另外一個轉變人生的機會。如何翻轉過去？要跟誰一起努力才能解決？那時候他們到底怎麼想的？希望這種解決問題的經驗，可以讓讀到本書的年輕人，若正好身處類似情境，也能思考：如果我是俞寧寧會怎麼面對？如果我是賴正光會怎麼解決？

我高中時很喜歡看《流浪者之歌》，覺得人生就像一條河流。人的成長過程是很多元素串在一起，每個生命階段就像是製造一顆顆珍珠，最後往回看，才發現它已串成一條很漂亮的項鍊，只是當下並不知道。

其實人才也是一樣的概念。一個人的發展，在熟悉的環境中，潛能不容易被激發出來，反而是轉換新環境，所有細胞才會緊張，進而讓身體活化起來。這個時候，人的吸收能力非常強，所有感官也隨之強化，觀察力跟學習力絕對會比在熟悉的環境中強很多。

一個陌生環境就是一個激盪的機會，透過激盪，讓年輕人原本沉睡的潛能被喚醒，我想這是一個滿重要的概念。我們其實都需要這樣的過程。

此外，真實的生命過程、故事，本身就非常容易讓人產生共鳴，所以我們希望透過書中每個人在各自領域的精采奮鬥故事，一方面鼓勵年輕人，無須害怕走出舒適圈，人的一生非常長，值得花幾年時間去接受震撼。另一方面，希望讀者從中找到共鳴點，在面對讀書、工作時，能有一個參考的典範與對象。

最重要的是，不要自我設限。

若舉我為例。我是成功大學畢業，後來在臺大教書，當時學校（臺大）要找我過去時，心裡其實非常猶豫，因為自己當年考不上臺大電機，現在卻要去跟比我厲害的教授當同事、教比我厲害的學生，確實滿掙扎的。但是去了才發現，真的不用畫地自限，無須畏懼，就是盡力做，竭力將能力揮灑出來，全心全意站穩腳步，一定可以在人生的舞台上，活出不一樣的精采生命。

序

沒有挫折，就不算真正體驗生命

何凱成 球學聯盟創辦人

我十三歲時，因為父親離世、母親患病無法照顧我們姊弟，便跟著大姑媽移民美國，當時的我形同孤兒，不懂一句英文、不適應美國文化與生活，可是我心裡知道沒有退路，唯有讓自己的實力愈來愈強大，才能贏得人們真正的尊重。

記得剛到美國的時候，語言是我們面臨的第一個挑戰，好勝心強的我，激勵自己一定要先讀懂一本書，於是，我準備了一本筆記本，拿著電子辭典，一字一字地查找抄寫，這種方法並不快速，卻很扎實。後來大姑媽建議我，不妨挑些自己感興趣的題材，像和運動相關的書或雜誌，當時正逢姚明剛進入NBA，我就從姚明的故事開始讀起，加上周圍最愛的零食跟看NBA球賽都是英文，才開始慢慢融入美國的生活。

我認為成功沒有訣竅、沒有捷徑，只有努力再努力、付出再付出，犧牲玩樂時間，忍住單調重複的動作，甚至低落的心情，堅持下去，才能收穫甜美的果實。

當然，找到自己擅長及有興趣的事物也很重要，我很幸運能在中學時期就接觸到美式足球，並發掘自己在美式足球領域的天賦與潛力，更驅動我投入這項運動的熱情與堅持。

美式足球在美國是一項極受歡迎的運動，想成為一位被球隊接納的亞洲球員並不容易，必須時時刻刻練習，即使被責罵，練到全身傷痕累累，也必須勇敢站起來，累積自己的競爭力，才會被團隊接納、認可。

小時候在台灣讀書時，我數學很差，到了美國，卻成了同學眼中的數學天才、運動健將，由此可見，人應該認識自己的價值何在，不是每個人都擅長讀書，唯有結合內在與外在的力量，不斷往前進，才能擁有不一樣的人生。

無論是我，或是本書中的案例，都很幸運地擁有出國的機會，可以闖出一片天，可是如果沒有機會走出去的人，希望我們的故事也能激勵你們，只要態度正確，一樣可以擁有實現自我理想的機會。

二〇一三年，我回到台灣創辦「球學」，從建立網路平台開始，持續推動「讓運動成為教育的一環」的使命，因此有很多機會接觸到年輕人與家長們，我發現：台灣家長過度保護子女，也過度重視考試成績，反而讓年輕人像小白兔一樣，活在舒適圈中，不僅失去了狼性與野心，也失去了追尋創新的機會。

我希望年輕人可以思考自己能為生命留下什麼？並勇敢接受挑戰，最後當你回頭審視成長歷程，會發現最深刻的印象、最難忘的回憶，就是面臨挫折的當下，因為沒有挫折，就不算真正體驗生命。

此外，對於在海外成功創業者，我也呼籲大家可以帶著資源回到台灣，幫助年輕人實現「台灣夢」。若以爬山為譬喻，我們不但要付出努力，還要懂得奉獻，為後進者開拓一條道路，讓他們能有更多選擇，可以一起爬到山頂，看到最美的風景。

序

「從零開始」的人生，一場燦爛的實驗過程

尤虹文 國際大提琴演奏家、《為夢想單飛》作者

公元兩千年的高雄小港機場，西北航空，我無比興奮地準備搭機前往美國。背著大提琴，我回頭看了最後一眼來為我送行的爸爸和剛上國中的弟弟，兩個人靜靜佇立在機場一角揮手，突然間，不知道為什麼，眼淚撲簌簌地流了下來。

飛機終於起飛，我望向窗外，高雄港竟縮小成地圖的一角，高大的建築物變成一格格的火柴盒。隆隆引擎聲中，想到自己如同一個放風箏的小孩；風愈吹愈強，我的膽子也愈來愈大。飛機起飛的這一頭，有我最親愛的家園；飛機降落的

那一端，我一無所有。很多年以後，即使忍著冰雪嚴寒，我仍然不斷提醒自己：「不要忘記，我來自台灣。」從台灣到世界，我永遠是熾熱驕陽下長大的孩子。為此，我打從心底湧出無比的驕傲和自豪。

在《勇闖天涯　翻轉人生》書裡，我們看到二十個勇往直前、激勵人心的台灣故事：Taboola 俞寧寧副總裁用棒球哲學打造「獨角獸」的創業七連勝；耐能智慧創辦人劉峻誠，公司一度瀕臨倒閉，為了東山再起，他不眠不休爭取大單，終於力挽狂瀾；前聯發科技印度分公司總經理郭耿聰，臨危授命，開啟外派印度的奇幻旅程；歐洲台灣生技協會會長高子翔，勇闖生技界，打造台灣歐洲人才庫。

我相信，這本書中挑戰生命高峰的勇者們，從未後悔在生命轉彎處放手一搏。在家鄉的懷抱中，一切是那麼安逸美滿，但是，當你渴望未知數，渴望新奇，渴望精采冒險的旅程，想在原本不屬於你的國度建立起「希望之城」，你會發現，城中處處充滿探索新事物的想像力和好奇心；你會希望可以戰勝一切可能的風險，你會希望親眼看見世界的頂端在哪裡，你會希望試探自己靈魂盡頭的機會，你會希望為人生創造出另一番新氣象。

初來乍到新的國度，人生似乎蘊含無限的可能：可以向上爬，也可以往下走，勇敢出走學習，最大的收穫就是教會我們怎麼去存活，怎麼去開啟「從零開始」的人生。人生有一定的步伐、一定的曲線、一定的方向。我們常常想握緊、想抓住自以為擁有的一切人事物；而回歸零點，甚至走到負數，常令人恐懼不已。一切從零開始，是危機，也是轉機。在舉目無親的異鄉，因為一下子什麼都沒了，只能拚命努力；因為一下子什麼都沒了，擁有的東西才會感恩珍惜；因為一下子什麼都沒了，才懂「什麼都沒有」是這般滋味。

踏出國門的那天，讓我們一起側耳傾聽心中微弱的呼喚：「試試看吧！如果不試，怎麼知道前頭還有什麼驚喜在等著呢！」人生，不就是一場燦爛的實驗？要對自己負責，不要錯過前面那些讓你勇闖天涯、翻轉人生的大好機會。

01

離開舒適圈

在世界地圖上**標注自己**

擺脫小確幸帶來的安逸感，
他們勇敢走向全世界，在科學、科技、生醫及藝術領域，
展現才華與企圖心，並在世界的某一個角落，
寫下專屬於自己的紀錄與回憶。

李悅寧　臺灣師範大學地球科學系助理教授

棄醫科念天文
返台貢獻研究成果

從小就很會念書的李悅寧，
在眾人殷殷期盼下，以榜首之姿進入臺大醫學院，
但始終忘不了對天文的熱情。
大學四年級一場遠行後，她決心遠赴法國攻讀天文博士。
從小沒想過當老師的她，再度跌破眾人眼鏡返台任教，
只為幫助對天文有興趣的學生，少走點冤枉路。

HALLEY'S COMET
the Giotto spacecraft flew
within 600 kilometers of Comet Halley
and revealed for the first time how the
nucleus of a comet looks up close: very
black due to organic material.
THE PUBLIC
Carl Sagan's 1980 book and TV
series "Cosmos" and Stephen
Hawking's 1988 book, "A Brief
History of Time", played a key role
in communicating complex topics
to the public.
PERNOVA
ary 1987, a flash appeared in the southern
: it was the 1987A Supernova, which was
the naked eye for several months.

二〇一九年九月開學日，臺灣師範大學地球科學系迎來創系三十五年來最年輕的助理教授、還不滿三十歲的李悅寧。

時間往前推半年多，科技部部長陳良基率團到歐洲，延攬海外優秀學術科研人才返國貢獻。在巴黎那場，科技部二〇一九年「愛因斯坦培植計畫」得主之一的李悅寧，親自向陳良基報到，表達她打算返台，回臺師大任職，投入台灣天文研究行列的動向。

這距離她到法國當交換學生，之後從臺大醫學系休學，轉換跑道留在法國念天文，整整七年。

高中展露科學天分，卻務實選擇醫學系

李悅寧就讀台中女中高三時期，身邊的同學大多忙著準備大學指考，她卻因緣際會接觸到地球科學，在老師鼓勵下參加首屆國際地球科學奧林匹亞競賽，沒想到一鳴驚人，抱回金牌及全球第一名。

在一片「聰明的人念醫學院，最厲害的人念臺大醫科」的氛圍中，二〇〇八

年，李悅寧頂著當年大學指考第二、三類組榜首的光環，很自然地在眾人期盼下進入臺大醫學院。

李悅寧坦言，儘管當時對地球科學及研究領域很有興趣，但「有點沒安全感」，想做點「安全、務實的事」；相形之下，醫學系所讀的知識不但務實，也都是之前沒學過的內容。她甚至想好了醫學院畢業之後，要往創傷重建的整形外科方向走。

雖然進入醫學系就讀，李悅寧卻始終無法忘懷科學研究。除了從大二開始雙主修醫學系及機械工程系，每個暑假她幾乎都投身科學研究相關活動。

二〇〇九年及二〇一〇年暑假，在老師推薦與科技部前身國科會的經費支持下，李悅寧分別到法國巴黎出席國際天文年的開幕儀式、赴德國參加林島諾貝爾獎得主會議（Lindau Nobel Laureate Meeting），並自己找資訊，申請前往瑞士洛桑聯邦理工學院（EPFL），參加心理物理學相關活動。

大四升大五的暑假，李悅寧到中研院天文及天文物理研究所，和專長恆星形成及天文化學的副研究員呂聖元合作進行專題計畫，當時她就萌生轉換跑道的念

①得知通過博士口試，李悅寧十分開心

②李悅寧前往美國德州大學奧斯汀分校（University of Austin at Texas）訪問時發表演講

頭，卻一直無法決定，乾脆利用一年時間，為自己安排一場學習之旅。

赴法交換學生，改變人生發展

一般來說，醫學系的交換學生多是到醫院實習，比較少有校級常規交換生，不過因為李悅寧雙主修機械工程課程，大五那年剛好有機會申請到法國巴黎綜合理工學院（École Polytechnique）當交換生一年。回想當時的決定，李悅寧說：「我只是很單純地想出國晃一圈，看看世界、體驗一下不同的生活，回來後再乖乖把醫學院念完，當醫生。」

沒想到，這段經驗，卻改變了李悅寧後來的人生發展。

在法國當交換學生期間，她受到渾厚天文物理知識的洗禮，也遇到一位良師——法國原子能署薩克雷和研究中心（CEA Saclay）教授、法國巴黎天文台天體物理學家艾納貝爾（Patrick Hennebelle），鼓勵她留下來攻讀天文學研究碩士，加上自己是真心喜愛科學領域方面的研究，李悅寧毅然決定從臺大醫學系休學，留在法國念天文。

從人人稱羨的臺大醫學系休學，在法國投入天文學研究，內心難道沒有猶豫、掙扎嗎？「當然有！」李悅寧露出害羞的笑容說，要放棄醫學系「真的需要思考很多，」一開始甚至有「大不了回台灣繼續念醫學系」的打算，還好爸媽及身邊朋友都很支持她追求自己的夢想、走想走的路。

而一頭栽進天文領域後，李悅寧確實也將科學研究的才華發揮得淋漓盡致。用五年的時間，完成巴黎高等師範學院碩士學位，以及巴黎第七大學（Universite Paris Diderot）和CEA Saclay共同授予的天文及天文物理博士學位，之後更進入巴黎地球物理研究所（IPGP），進行為期兩年以太陽系早期演化過程為主題的博士後研究。此時她只有二十七歲。

面對異鄉陌生的求學環境，苦讀拚出好成績

因為會念書，李悅寧從小就常被視為「天才」，但李悅寧強調：「光聰明是不夠的。在很多領域，聰明只是基本條件，『目標』遠比聰明重要得多。」此外，李悅寧也認為自己運氣比別人好，人生遇到很多貴人、良師，「運氣來了，就要好好抓住它！」

儘管求學過程一路順利，但李悅寧坦言，離開原本的舒適圈，到文化、語言完全不同的法國讀書，還是得面對不少挑戰。

譬如，為了到法國當交換學生，她花了一年學法文，當時在臺大法文考試成績很好，也通過初級法語檢定文憑（DELF）B1，等同具有法文基本溝通能力，但到了法國根本不夠用。

「不但自己說不出來，別人說什麼也一知半解，」李悅寧說，還好理工科的科學術語，英文和法文很類似，不少還是源自法文，加上天文類別的論文不需要像

人文科學一般，得做好幾百頁的論述，也就慢慢克服了語言問題。

另外，身在菁英聚集的巴黎綜合理工學院，初來乍到的李悅寧，憑藉著不服輸的意志力和強烈的求知欲，屢屢獲得好成績，也因此贏得同學的認同與肯定。

「我後來發現，台灣人的臉皮都太薄了，」李悅寧觀察，法國人比較懂得爭取自己的權益，遇到事情會思考如何處理，絕對不會吃悶虧。

當時，由於隻身在國外念書，生活上會遇到很多麻煩，難免有需要別人幫忙的事情，她因此學會勇敢尋求幫忙，爭取自己的權益，李悅寧說：「這是我在法國學到很重要的一件事。」

很多人夢幻地認為，在法國念書應該很浪漫，但留法七年的李悅寧卻有不同看法。

「法國人生活滿辛苦的，包括科學家在內，薪水普遍都不高，」李悅寧說，法國最低薪資一小時十歐元，相當於新台幣三百元，助理教授月薪大概兩千歐元，乍聽之下比台灣高，但生活花費卻很驚人。她透露，在博士後研究時期，每個月房租就花掉半個月薪水，還不時遇到各種大罷工，李悅寧說：「生活一點都不如外界想像的浪漫。」

博士後的不確定，興起回台灣的念頭

此外，博士後研究的不確定感也令李悅寧苦惱，「那對心理健康傷害很大，」博士後研究通常一個計畫合約兩、三年，找下一個計畫（等同於找下一份工作）時程很長，提早一年開始找幾乎是常態。如果是兩年期的計畫，等於工作一年後，就得開始盤算下一個去處，可以說是一天到晚都在煩惱找工作。雖然做研究讓她很有成就感，但心理壓力其實很大，「內心深處還是想回台灣，」李悅寧說。

起心動念想回家，李悅寧便著手申請科技部二〇一七年起推出的「愛因斯坦培植計畫」，並順利在二〇一九年成為得主之一，獲得核給計畫五年期間，每年將近新台幣五百萬元的研究經費。李悅寧毫不遲疑，馬上做了決定：博士後研究計畫結束後，回台灣繼續研究，並在臺師大任教。

因緣際會之下，李悅寧承接臺師大地科系退休副教授傅學海的研究室，而傅學海正是當年她高三參加國際地球科學奧林匹亞競賽時，帶隊參賽的指導老師。

在法國求學時，前往楓丹白露旅遊

想對台灣及年輕人說的話

在很多領域，聰明只是基本條件，「目標」遠比聰明重要得多。

十三年後，李悅寧也開始率隊帶領學生參加國際奧林匹亞競賽，彷彿是一種傳承的概念。

到全球交流，把最新研究帶回台灣

回到臺師大第一學期，李悅寧在碩、博士班開了專題討論及高等天文物理課程，以小班授課。幾個月下來，除了一開始，面對和她年紀相仿的學生上課有一點點緊張，後來也逐漸從和學生互動中找到樂趣。她發現：現在的研究生大多很有想法，清楚自己的目標是什麼，從教學過程中，李悅寧自己也受益良多。

「其實，我從小最討厭的就是當老師！」李悅寧說，因為成績好，同學有問題總是會請她幫忙，偏偏她最討厭的就是回答問題，所以從小就決定「絕對不要當老師」。後來在法國遇到有無限耐心、不厭其煩回答問題的艾納貝爾教授，讓李悅寧從此改變想法，想在專業領域上，提供對天文有興趣的新生更多幫助。

至於在研究工作方面，李悅寧持續深耕在法國的研究方向，透過數值模擬，計算太陽系早期形成時的過程和條件，以及恆星形成等項目，主要和流體力學相關，屬於古典物理的範疇。「這部分非常吸引我，」李悅寧說，由於研究需要用到很多統計工具、流體力學工具、計算工具，對喜歡挑戰各種面向與專業知識的李悅寧來說，特別感興趣。

李悅寧表示，天文學是非常國際化的領域，國家地域觀念比較低，跨國合作和交流都很多，特別適合喜歡做研究的年輕學子。而她未來的目標，則是把台灣當作基地，繼續到世界各地交流、做研究，再把這些最新研究成果與發現帶回台灣，對台灣天文物理領域研究知識以及天文教育做出貢獻。（文／朱乙真）

猶豫害怕都是正常，但做
了決定就好好努力！

李悅寧 | 簡歷 |

- 法國巴黎高等師範學院天文領域碩士、巴黎第七大學及CEA Saclay天文及天文物理博士、巴黎地球物理研究所博士後研究（2017～2019年）。
- 獲台灣物理學會「吳健雄獎學金」（2018年）。
- 臺灣師範大學地球科學系助理教授（2019年）。
- 科技部「愛因斯坦培植計畫」得主、教育部「玉山青年學者計畫」得主（2019年）。

吳哲民　倍加能創辦人

領先蘋果、三星 無線充電技術潛力無限

一場與朋友聚會的插曲，意外讓當時還是上班族的吳哲民，打造出領先三星、蘋果的無線充電器，踏上創業之路。由於是殺手級的新創產品，不但從募資階段就一炮而紅，更得到凱迪拉克、賓士的青睞，搶著跟他合作。一個三十多歲的年輕人，第一次創業就成功，他做對了哪些事？

想像一下，一個再也不用帶充電線的世界，不論在飯店、咖啡館、遊樂園，甚至機場、捷運，只要把手機放在這些場地的無線充電座上，幾分鐘內電池就能充好充滿，快速方便。

再馳騁想像力：筆記型電腦放在桌上就能直接充電，不用再仰賴糾纏不清的電線；無人機降落在充電板上，一眨眼又能再飛兩小時。電動車只要停在特定的停車格，電池就可以自行充滿……。

這樣的願景，很可能由一家由台灣人創立的公司「倍加能」（BEZALEL）幫我們實現。

「我們的目標就是創造一個『無線』的世界，讓人出門再也不用煩惱忘了帶充電線，」一臉誠懇笑容的倍加能創辦人吳哲民說。

他的目標不是隨口說說。二〇一四年在美國加州創立的倍加能，堪稱無線充電領域的先驅公司，當時蘋果、三星都還未推出無線充電手機，倍加能卻已憑藉創新產品獲得消費者青睞，並與凱迪拉克、賓士等一線車廠建立合作關係。目前，倍加能的無線充電產品不只在美國銷售暢旺，也是台灣三大電信通路指定銷售的產品。

一個靈感啟動創業，與好友共同打造產品

「Prelude可攜式無線充電器將成為未來智慧裝置系統的骨幹，」美國知名財經雜誌*Forbes*如此稱許倍加能的產品，民國七十四年次的吳哲民也被美國雜誌*CSQ*評選為「十大年輕創新者」。從公司的成功看，人們會猜想吳哲民是個天生的創業家，事實上，他的創業是一連串偶然造就的結果。

「小時候我的功課一般，甚至不太愛講話，在人群中不怎麼起眼，」吳哲民笑著回憶，一直到讀研究所時，他都沒想過創業。

翻開吳哲民的求學過程，淡江航太系畢業後，申請到南加大機械研究所。二十來歲的他就像很多台灣學生一樣，並沒有什麼雄心壯志。「畢業後找個工作，累積些資歷，一年後就回台灣了，」他當時思忖。

畢業後，吳哲民果然依自己的生涯規劃，在一家消費性電子產品公司找到了一份小工程師的工作。有一天，他與幾個朋友在咖啡廳聚會，其中一位朋友手機

①

倍加能的無線充電產品應用範圍廣泛，圖①是在大學校園使用，圖②則應用在高級日式料理餐廳

快沒電了，才發現自己帶了充電器卻忘了拿充電線，整個情況實在狼狽。

這給了吳哲民一個靈感：「如果手機可以不用靠線充電，直接用行動電源就能充，豈不是很好？」跟朋友討論，大家都覺得這個構想實在太棒了，於是他們組成小組，分別進行研究，並每週聚會三次討論進度與成果。

「起初只是覺得好玩，但就想一定要做出東西來！」吳哲民回憶，當時他們白天工作、晚上研究，經過半年的努力，終於做出第一個無線充電器的產品雛形。

抱著姑且一試的心態，他們把這

項產品放上熱門的群眾募資平台Kickstarter試水溫，沒想到竟然一炮而紅。「我們只花了兩百美元的製作費，想不到募到了十四萬美元！」吳哲民欣喜地說。Kickstarter上的廣大投資人都喜歡新奇產品，這次成功的募資成果，等於認證了無線充電的市場潛力。

成為南加大第一個投資的台灣團隊

這個名為ARK的第一代產品，在募資完成四個月後順利出貨，產品利潤高達百分之五十。「那時還是想，做完這產品有賺到錢，可以回台灣了，」吳哲民笑著回憶。沒想到，南加大維特比（Viterbi）創業孵化中心注意到這個暴紅產品是由校友打造的，於是力邀吳哲民參與該中心的年度創業團隊甄選活動。

不出所料，吳哲民的倍加能從三百個報名團隊脫穎而出，成為入選的七個團隊之一，這也是南加大有史以來第一次投資台灣人的新創團隊。吳哲民的未來就此峰迴路轉，本想回台灣就業，卻成了在美國創業。

談起這個巨大的轉折，除了南加大創業孵化中心提供的機會，一位南加大商學院院長對他說的話，也促使吳哲民下定決心。吳哲民說：「院長與我們分享：年輕人就是要去闖，因為這時創業包袱最小，損失也最小，」這位院長回憶起自己哈佛大學畢業後，決定走安穩的學界，好幾個朋友則選擇去創業。「如今，院長的朋友個個都是事業有成的企業家，一個比一個富有，看到他們，院長十分後悔年輕時沒去闖一闖，」吳哲民說。

凱迪拉克邀約合作，還以為是詐騙

台灣的家人也舉雙手贊成吳哲民創業的決定，吳哲民說：「我母親從事銀行業，她曾分析過，最有錢的都是自己創業的老闆，絕不是領死薪水的上班族。」回憶過往，吳哲民稱許母親的「大數據」分析，讓他對創業有了不同的觀點。

此外，吳哲民也非常建議年輕學子不要滿足於生活的小確幸，在沒有太多包袱的時候，盡可能地勇敢去闖一闖，挑戰自己的能耐。

在很多人眼中，吳哲民無疑是幸運的。在二〇一六年倍加能第一個銷售年，就意外獲得知名車廠凱迪拉克的青睞，成為凱迪拉克指定搭配商品，讓公司該年

① 因為有南加大維特比創業孵化中心的慧眼識英雄，使得吳哲民從原本想回台就業，轉成在美國創業，圖為吳哲民與南加大維特比工學院院長Yannis Yortsos（右二）合影

② Ashish教授（左）是南加大維特比創業孵化中心的主要負責人

③ 蘋果公司於2017年推出具備無線充電功能的iPhone，讓無線充電正式成為市場當紅技術，圖為吳哲民與蘋果公司董事Ronald Sugar（左一）合影

④ 南加大新創辦公室

②

①

① 南加大工學院董事會介紹倍加能
② 2014年南加大學校官網特別報導倍加能的無線充電產品

銷售激增，創下百萬美元佳績，一下就站穩腳跟。

談起被凱迪拉克「看上」的過程，至今吳哲民仍覺得有點不可思議。

「我們從來沒有主動跟車廠推銷，甚至連廣告都沒做，只是放在官網上賣，」吳哲民回憶，有一天公司突然收到一封自稱是凱迪拉克員工的電子郵件，表示會把倍加能的產品放在凱迪拉克的網站上，做搭配推廣，如果以後有新產品，也歡迎寄給他們參考。

「一開始，我們還以為是詐騙！」吳哲民笑著說，團隊查了署名人地址，搜尋他在LinkedIn的資料，最後真的在凱迪拉克網頁上看到自家產品，才確認這「天上掉下來的禮物」不是個空包彈。「可見當時開始有無線充電的需求，但做的人不多，車廠無法自己開發，就往外找合作夥伴，」吳哲民笑著說，剛好凱迪拉克裡面有人買過倍加能的產品，覺得不錯，才有了這個機會。

一度燒光資金，一場飯局扭轉命運

當然，萬事起頭難，創業免不了各種挫折。跟所有新創企業一樣，吳哲民也曾遇過資金燒到幾乎無以為繼的窘境。

他記得很清楚，二〇一四年十一月，南加州路上隨處可見閃亮的聖誕燈飾，過節氣氛濃厚，但他卻完全沒有過節的愉悅心情，因為公司存款只剩下一、兩萬美元，再找不到人投資，付不出員工薪水，下個月就要關門大吉了。

吳哲民回憶：「那時候壓力真的非常大，到處去募資。找了很多人，但得到的回答都是：『謝謝你，讓我們再好好想一想……』」不過這時，幸運之神又再次眷顧倍加能。

一天早上，吳哲民接到一通神祕電話，對方表示自己是一位飯店董事長，希望找他中午來飯店吃個飯、聊一聊。吳哲民沒有想太多，「就聊一聊，反正也沒有損失。」

席間，這位六十來歲、氣質幹練的女老闆對倍加能很感興趣，吳哲民就把背得滾瓜爛熟的募資稿從頭到尾再講一次。沒想到講完後，女老闆立刻表示：「我要投資你們！」更讓吳哲民吃驚的是，她立刻拿出支票簿說：「就投資一百萬美元吧！」

這個舉動讓創業不久的吳哲民嚇了一大跳，心想：「我還不太認識你啊！」，於是「討價還價」把支票金額砍到二十萬成交。「二十萬也夠我們撐很久了！」吳哲民回憶，當時他把支票帶回南加大創業孵化中心的辦公室，櫃檯人員眼睛睜得老大說：「我在這裡那麼久，你是我看過募資速度最快的人！」

這筆資金，幫吳哲民度過創業的第一個關卡，因為「有人投資」的信心加持，沒多久，陸續又有更多投資人捧著支票上門，資金短缺再也不是問題。

「外人看我似乎很幸運、很順利，事實上，這都是經過非常多的努力，累積了實力才有的結果。如果沒有能力，即使機會來臨你也抓不住，」吳哲民篤定地說，成功無捷徑，沒有拚盡全力，就不會有任何收穫。

「四周都是恐龍，才能養出獨角獸」的創業觀

創業維艱，守成不易。回想二〇一四年南加大從三百個團隊海選的七個團隊，至今只有倍加能存活，其他六個都已陣亡。分析公司成功的原因，一是產品的應用範疇廣大，「電是一切的基礎，你想到的一切，幾乎都要充電，」吳哲民分析，其他團隊鎖定的3D列印、AR／VR等，雖然聽起來很炫，但要走入一般家庭，還需要不少時間。

其次，也就是最關鍵的「時機」。二〇一四年，吳哲民剛創業時，市場雖有需求，但競爭者不多。「因為那時無線充電的規格都還沒統一，市場很亂，」他回憶，但當時因為看準無線充電的趨勢，所以決定先投入市場打基本功。

「這是一個賭注，但我也有設停損點，」吳哲民坦白地說，「一開始我就跟南加大表示，如果兩、三年後蘋果手機沒有支援無線充電，我就不做了。」幸而，

想對台灣及年輕人說的話

創業四周都是恐龍，才能培養出獨角獸；如果四周都是馬、鹿、牛等動物，充其量只能培養出獨角仙。

結果如他預測一般，蘋果在二〇一七年正式推出具備無線充電功能的iPhone，「無線充電」立刻成為當紅的關鍵字。吳哲民三年辛勤建立的基礎建設，正好抓住了蓬勃的市場機運。

談到台灣與美國創業環境的差異，他也不諱言地表示，美國的環境比台灣好太多。「美國市場大，投資人多、機會也多，」因此，他建議有志創業的年輕人，可以擴大企圖心，以美國市場為目標。「當創業四周都是恐龍，才能培養出獨角獸；如果四周都是馬、鹿、牛等動物，充其量只能培養出獨角仙，」吳哲民形容。

不甘於只做「手機配件商」

不過，不同於競爭對手，吳哲民不甘於只做「手機配件商」。「手機配件很好賺，但我想做的不只是這些，」企圖心旺盛的他篤定地說，倍加能除了B2C生意外，B2B也大有斬獲。目前公司已經和台灣與美國的大眾交通系統談妥合作計畫，預計二〇二〇年就能看到這些大眾交通工具，提供由倍加能製造的無線充電設備。

二〇二〇年是5G元年，隨著網路傳輸速度變快，各種需要電的應用勢必水漲船高。不僅手機會因為更多APP的使用讓耗電更快，從機器人、智慧家電、無人機到電動車，都會出現無線充電的需求。談到未來，吳哲民語帶興奮地說：「各種機會都將快速出現，想像空間無限寬廣！」倍加能的未來大有可為。

身為嘉義私立協同中學傑出校友的吳哲民，每次回台灣，都要回協同中學拜會師長並分享他的創業心路歷程，演講時不斷鼓勵年輕人不要害怕失敗。

此外，吳哲民也十分鼓勵年輕人創業，「創業能快速累積人脈、跨領域學習，並可發展年輕人的領導和統籌能力，這些都是在學校學不到、卻非常有價值的事，」吳哲民更期待台灣年輕人能走出傳統代工思維，不要學校一畢業就只想到大公司工作，而是能到國外看看世界，甚至勇敢創業，讓台灣的優秀人才與創意，能持續在世界上發光發熱。（文／王怡棻）

Dream Big，勇於冒險，
不怕失敗，追求自己所熱
愛的，成爲世界的祝福。

吳哲民 |簡歷|

- 淡江大學航太學士（2008年）、南加大機械研究碩士（2012年）。
- 入選進入美國南加州大學維特比（Viterbi）創業孵化中心。三百個團隊選七個，倍加能為其中之一，也是維特比創業孵化器唯一投資的台灣團隊（2014年）。
- 創辦倍加能，擔任執行長（2014年）。
- 英國知名媒體PCR 評倍加能產品ARK為年度前十大科技產品（2014年）。
- 獲美國雜誌*CSQ*評選為「十大年輕創新者」（2016年）、台灣經濟部及英國天狼星「新創跨國募資比賽」優勝（2016年）。
- 倍加能Prelude Portable Wireless Charger獲德國紅點產品設計大獎（2019年）。

林家樑 MIT輕型無人車計畫主持人

找到學習興趣 重考生闖蕩MIT

高中重考一次、大學重考三次，
好多年無法擺脫「大一魔咒」的林家樑，
在因緣際會下，找到了興趣之所向，一頭栽入建築領域，
至此不僅激起學習動機，更錄取美國麻省理工學院，拓展眼界與專業。
他的故事證明了：無須汲汲營營追求名校，
只要努力挖掘出天賦，必定能在該領域發光發熱。

二〇一六年一月，耀眼的陽光溫暖著台北街頭，一台有著嬰兒車造形、銀灰骨架的三輪車，在無人踩踏的情況下，於人行道上緩緩前進。它還能送貨、送餐、送快遞，甚至當Uber接送人。這個場景看起來有點奇幻，卻真真實實出現在所有參與「PEV輕型無人智慧車」發表會的眾人眼前。

PEV輕型無人智慧車是麻省理工學院媒體實驗室（MIT Media Lab）與台灣資策會合作的成果，發表後受到學界矚目。

其背後的靈魂人物，就是計畫主持人林家樑。這項產品也的確深獲好評，「搭乘大眾交通系統很好，但從接駁車站到家裡的最後一哩，往往有許多挑戰，這也是為什麼所有城市或許都需要這項未來產品，」探索頻道（Discovery Chanel）的主持人如此介紹。

二〇一三年林家樑接手PEV計畫，至今已擁有一個十二人的小型團隊，二〇一六年初，從PEV在台北空總創新基地的全球首次亮相，到二〇一七年MIT媒體實驗室攜手北科大，成立台灣首座共同實驗室「都市科技實驗室」（CSL）中，都可以看到林家樑忙碌的身影。

由於為人熱誠，加上在ＭＩＴ累積的長久資歷，許多台灣官員想參訪ＭＩＴ媒體實驗室，第一個想到的都是林家樑。而北科大到ＭＩＴ媒體實驗室進行交流的學生，也大多由林家樑與同事協助照顧。

「波士頓房價很高，我和另一個研究人員就租房子來當學生宿舍，帶領著同學們，早上工作、下午測試、晚上檢討，週末看海吃龍蝦，將研究融入生活，」戴著粗框眼鏡、說起話來滔滔不絕的林家樑笑著說。這是ＭＩＴ「師徒制」傳統，他自己受惠良多，也希望傳承下去。

發現熱情所在，不眠不休也要拚盡全力

林家樑擁有ＭＩＴ建築與都市規劃兩個碩士學位，並即將拿到ＭＩＴ博士學位。從耀眼的學經歷看，會以為他是個學霸。很難想像，林家樑曾經高中重考一次、大學重考三次，是很多人眼中後段班的孩子。

「小時候懵懵懂懂的，不喜歡念書，」他回憶自己第一次大學考上文化大學地質系，覺得沒興趣就休學；後來考上淡江大學土木系，結果被二一退學，又重考

① 找到自己的興趣之後，林家樑全心投入樂此不疲

② 小時候的林家樑（左）與弟弟及阿嬤

上高雄師範大學應用外語系，念一念又再次重考；最後考上逢甲大學建築系，才劃下句點。「好幾年一直無法突破『大一魔咒』，」他半開玩笑地說。

這段在外人眼中有些灰暗的過往，其實是一段艱辛的自我探索歷程。在重考班的日子裡，林家樑不知道自己要的是什麼，直到一個偶然事件，才發現自己的熱情所在。

那是在他讀高師大一年級的某一天，就讀東海大學建築系大三的重考班好友邀請他到台中，看自己的畢業製作。林家樑至今仍記得很清楚，穿著吊帶褲加拖鞋的好友，領他去參觀建築系工作室的那一刻，「只見一大群人鬧哄哄的，音樂放得好大聲，乍看還以為是在辦趴，其實人人都聚精會神地在做模型，」他心中深埋的火苗突然被點燃，「這不就是我嚮往的生活嗎？」

於是，他決定瞞著家人再次重考，這次終於尋覓到熱情所在，林家樑說：「我喜歡動手做，一進去就發現自己對建築系的課程極有興趣。」

就像是突然開竅，林家樑的上課態度從漫不經心變成拚盡全力。「我的設計不一定最好，但模型一定做得最多、最大，」林家樑回憶，例如作業只要一個解決方案即可交差，他就是會做兩、三個才肯罷休。

因為企圖心強烈，為了作品常常不眠不休忙到上課前一刻，「就像打仗，要打到最後一兵一卒，」林家樑形容。老師們都看到了他的拚勁，因此只要跟建築相關的課程，幾乎全都滿分。

進入MIT，學會發明的本質來自人性

逢甲大學建築系不只重視基本功，也常邀請哥倫比亞大學、哈佛大學的學者

來系上演講，開拓學生視野。這些國際學者的學養與風範，開啟了林家樑對出國的嚮往。「我對爸爸說，我想申請哈佛、哥大、MIT，他瞪大眼睛說：『你瘋了嗎？』」林家樑回憶起這段往事，還忍不住發噱。

他回憶，當時MIT申請截止日期最早，他就申請MIT試水溫，結果滿滿的作品與優秀的成績，讓他很快就收到錄取通知，讓不看好的人都跌破眼鏡。

「我是個很幸運的人，家人讓我『do whatever I want』，求學路上又遇到好幾位恩師，」林家樑語帶感激地說。

其中，在MIT媒體實驗室創立智慧城市（Smart Cities）研究團隊的MIT前建築學院院長米契爾（William J Mitchell）是他生命中的貴人。米契爾教授「設計無疆界」（Design Without Boundary）的那門課，更是讓他視野大開。

「老師讓我看到什麼是vision（願景），」林家樑回憶，米契爾上課教的不是車子、房子、道路怎麼設計，而是給學生一個重要的概念——設計師設計的是人的生活，林家樑說：「在規劃時，不能只想著這個房子或這部車子的機能，而是要想著人類該怎麼使用它。」

① 第一代PEV無人車計畫團隊，晚上於大安森林公園測試
② 2016年PEV無人車首度在台北空總亮相（圖片／《遠見》雜誌提供）
③ 現任教授Kent Larson（左）與Norman Foster（右），在研究上給予林家樑許多指導與啟發

① 促進台灣年輕學子與MIT優秀的研究人員共識，也是林家樑一直心心念念的任務
② 熱情的林家樑常邀請台灣留學生到家裡做客

另一個概念是，科技可以改變都市的樣貌。「在老師眼裡，愛迪生不只是發明家，也是建築師，」林家樑表示，愛迪生的電燈改變了人們夜晚的活動，也改變了城市的規劃。如同照明，交通工具也是設計智慧城市的重要環節，林家樑說：「交通問題解決了，汙染、壅塞、噪音、廢氣等問題，也能一併改善。」

第三個重要概念，則是跳脫領域競爭。「要創造一個全新的產品類別，不要跟風，」林家樑不諱言，在熱門領域是永遠競爭不完的，也因此，他現在帶領團隊做的PEV，就是要做一台很少人做的「自動駕駛腳踏車」，試圖解決都市短程運輸與接駁的汙染問題。

不只課程跳脫傳統思維，米契爾也在課堂上帶進各種資源，給學生更多元的學習管道。「這門課每週都有業界、學界，或政府部門的人來分享，」林家樑表示，學生不只學設計，還要學政府政策、了解業界，譬如他們做一個專案，通用汽車是贊助商，每週就會有通用汽車的代表來課堂上與他們討論交流。

米契爾還會不定期邀請業界大師來上課，像是被譽為「建築界的畢卡索」的後現代解構主義建築大師蓋瑞（Frank Gehry）就曾是座上賓。林家樑分析：「正因如此，ＭＩＴ媒體實驗室的學生能走出象牙塔，將科技、政策、設計三者的知識，自然融會在一起。」

學中做、做中學

西方有句諺語：「一磅的學理，不如一兩的實行。」ＭＩＴ媒體實驗室最強調的原則之一就是：「學中做、做中學」。這從林家樑參與工研院和三陽機車合作的課程，得到充分的驗證。

在這堂產學合作的課程裡，學生被分為六組，各組要設計一台輕型環保的電動摺疊機車。得分最高的一組，可以去三陽的新竹研發中心，實際製造這台前衛先進的概念摩托車，並在全球最大的米蘭機車大展發表。

「老師知道我是建築背景的，特別找了有機械、電機背景的同學和我搭配，」林家樑回憶，當時還是碩士生的他因為有長期使用腳踏車的經驗，加上熟悉台灣的使用環境，讓他的小組從全班脫穎而出，也因此開始長達一百一十一天的三陽「做中學」之旅。

「我跟老師爭取三個月的時間，要留在台灣把這個專案做完，」林家樑回憶，雖然是產學合作，但並沒有想像中容易。因為三陽不是用一般的設計軟體，他第一個月幾乎都在摸索軟體怎麼用，之後進入設計階段，更是每天沒日沒夜。尤其這台摺疊摩托車要考慮電池拆卸、充電與使用的便利性，每個細節都是專業。

做足準備再發問

此外，還要學習如何溝通。「因為這個計畫對三陽是『外掛』，我們在研發中

②

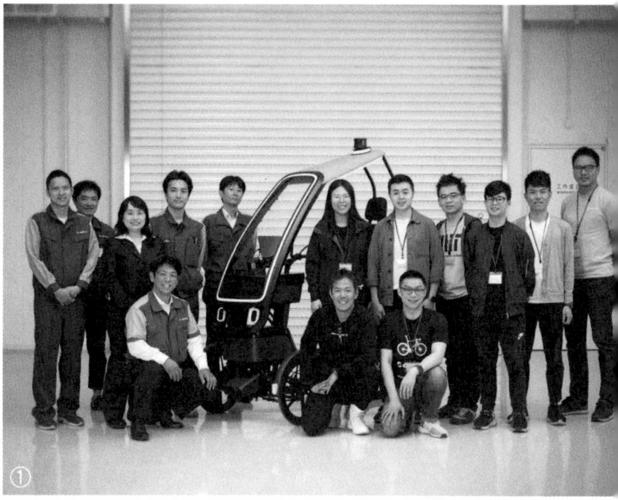
①

① 林家樑帶領MIT團隊與北科大同學，在日本名古屋組車
② MIT Media將於2020年發表的PEV 2.0最新款無人車

心工作，基本上是沒人帶的，」林家樑回憶，在三陽研發設計中心，每個員工都有工作在身，誰也不想花自己的時間幫忙這個外來團隊。

所幸，三陽研發主管看到MIT媒體實驗室團隊的投入，被他們的認真感動，互動日益改善。「學問是長在嘴上的，但不是一遇到問題就問，」林家樑回想那段磨合期，有感而發地說：「每個人的時間都很寶貴，所以要做到一定程度，真的突破不了再請教。」因為自己做了十足功課，對方往往願意傾囊相授。

在密集的嘗試錯誤下，林家樑摸熟了折疊式電動機車的設計梗概。這台造

想對台灣及年輕人說的話

做任何事都要堅持，不用著急，慢慢來，不要怕犯錯，有時看似機率渺茫，但往往堅持下去就是你的。

形亮眼的RoboScooter終於順利誕生，並在米蘭機車展獲得大幅報導，林家樑也一躍成為「台灣之光」。「我可以說是三陽大學畢業的，」林家樑不諱言地說，如果沒有RoboScooter的基礎，就很難承接PEV研發的重責大任。

犯錯不可怕，可怕的是不敢犯錯

MIT媒體實驗室給予林家樑的另一個重要啟發，是不要怕犯錯。「MIT Media Lab對失敗的容忍度非常高，」林家樑表示，二〇一六年，自動駕駛三輪車PEV第一次在台灣發表時的意外，讓他印象特別深刻。

那是PEV第一次在大眾面前亮相，為了增加媒體曝光，資策會邀請大批媒體記者來採訪。所有團隊成員都如履薄冰，早上七點不到，林家樑就和團隊在現場進行一連串的測試。

然而，人算不如天算，林家樑操控的那台PEV竟然完全失控，直接撞向在場的媒體記者。雖然沒有人受傷，但所有人都嚇了一大跳。「失控那一刻，我真是畢生難忘，」林家樑嘆了口氣說。

當時懊惱不已的他想，這個巨大失敗應該會被痛罵，沒想到教授並未責備，而是拍拍他的肩膀安慰說：「展示本來就很可能失敗，連美國電動車鉅子馬斯克（Elon Musk）的展示都曾失敗，就別太自責了。」教授的諒解，讓林家樑重拾信心，把PEV改良得更完美。

回想過往歷程，林家樑謙虛地表示：「若說今天我累積了一些成果，除了啟蒙恩師William J. Mitchell與現任指導教授Kent Larson的引領之外，資策會、工業局的協助，以及台北科技大學陳姓校友與日商DENSO的支持，也讓我可以陪伴著這群交換學生學習成長，自己也受益匪淺。」

「人類的天賦就像天然資源一樣被埋在深處，你必須努力將它挖掘出來。這個過程將充滿挑戰與收穫，不論結果如何，它絕對值得你費心探究，」知名人力資源專家肯・羅賓森（Ken Robinson）在《發現天賦之旅》一書裡說。林家樑的故事，正是這句話的最佳體現。（文／王怡棻）

想要抵達目標，方向比路線重要，只要找尋對的方向，路怎麼走都可以。

林家樑 | 簡歷 |

- 逢甲大學建築學士（2004年）、麻省理工學院建築碩士（2007年）、麻省理工學院媒體實驗室博士（2020年）。
- Buckminster Fuller Challenge First Prize（2009年）。
- 2010世界盃足球賽Mobility On Demand系統顧問，參與2010南非世界盃足球賽的交通規劃（2010年）。
- IF Taipei Cycle Design Award（GreenWheel）（2012年）。
- 麻省理工學院媒體實驗室PEV無人車計畫專案負責人（2013年迄今）。
- 亞洲開發銀行交通載具顧問（2014年）。

張琬菁　台灣諾華事業開發暨策略經理

海外磨練之旅　成為夢想的一部分

大學時代突破重重困難，才爭取到海外留學機會，
種下了她無論如何都要到海外工作的夢想，
也讓原本以營養師為目標的張琬菁，生命視野變得更加寬廣。
年紀輕輕三十歲出頭的她，如今已成為外商藥廠專業經理人，
她的故事告訴年輕人：
不只要敢做夢，更要成為夢想的一部分。

從營養領域跨界成為藥廠專業經理人，在台灣諾華擔任事業開發暨策略經理的張琬菁，歸功於讓她找到人生方向的兩段海外經歷。

第一段是二〇〇八年讀大學時，用積蓄前進美西的遊學體驗，確立了最初的夢想：一定要到海外留學。

第二段則是二〇一七年被獵人頭公司鎖定，進入當年度台灣十大最酷科技新創公司「智抗糖」工作，成為第一位日本市場開發經理，實踐了進階的夢想：一定要在結婚生子之前，擁有在海外工作的經驗。

張琬菁出身台中東勢鄉下一個醫師世家，父親和哥哥都是醫師，媽媽則是護理人員，排行第二的她，反應快、個性活潑，但是對未來沒有太多想法，小時候班導師的評語都是「天資聰穎，但不夠努力」。

大學讀臺北醫學大學保健營養學系的她，本來對於未來人生預定要走的路，沒有太多的想法，「可能就像爸媽和哥哥一樣，考上醫護人員執照，成為一位營養師吧！」她心裡這樣想著。

但是這張人生地圖，卻被大二時一趟美西遊學之旅，無意間改寫了。

原本在沒有目標的生活裡，張琬菁始終找不到努力的動力，但這一趟短期遊學，在美國社會普遍的「you can be / do anything」的自由氛圍之中，她的世界觀被打開了，改變了自己對於台灣社會普遍存在「聽話、乖」就是好學生、好孩子的思維，驅動了內心那種想和別人不一樣的心情，也第一次為自己訂下目標：大學畢業後一定要到國外進修。

獨自遊學，打開眼界

有趣的是，當初想到國外遊學的念頭，是因為張琬菁「不想跟別人不一樣」。張琬菁說：「來到台北後，發現班上大多數的同學家中環境都不錯，每年都有固定出國的經驗與計畫，而且父母早有安排，還沒畢業，就已經替他們規劃好未來。」出身傳統鄉下家庭的張琬菁，受到同儕影響也想出國，於是打算將從小到大存下來的壓歲錢和打工的薪水，都用在遊學上面。沒想到，父親不同意。

為了化解父親的疑慮，張琬菁一方面請母親扮演說客，另一方面將所有流程，包括遊學代辦機構的背景、做法等，都讓父親知道，也因此讓父親安心放

① 回到台灣，張琬菁也常回母校分享留學生活及經驗傳承
② 張琬菁與其他留學生在東京大學的校園生活

行，讓她獨自一人飛到美國西岸，展開五個星期的冒險之旅。

「從小到大，我的世界只有跟醫療相關的人事物，到了美國才發現，原來世界上還有人文、科學、工程等各式各樣的領域，」眼界大開的張琬菁，在與外國友人的對話中，發現外國人感興趣的並不只是台灣有什麼好吃的食物，還會想進一步了解美食背後的文化。

張琬菁說：「營養學是我的專業，但是只有它，不可能讓我到國外做想做的工作，至少要有外語能力；而我也深深感到自己所學不夠，需要另一層進修。而出國留學，就是解方。」

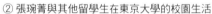

於是，回國後張琬菁開始嚴肅看待大學生活，不再以打工、打球為主，大三、大四兩年非常認真上課。生肖屬虎的她形容當時的自己：「就像一隻平常躺著曬太陽的老虎，平時看起來懶洋洋的，但是只要一看到獵物，就會立刻醒過來，專注地緊盯著它，用盡全力達到目標。」

與父親約法三章，拿到國外留學門票

對於出國留學，這一次，父親開出三個條件，只要任何一項沒做到，可能性就是零。

這三個條件分別是：考取營養師執照、甄選上公立學校，以及留學地點必須是日本。雖然當時覺得父親非常嚴苛，但日後張琬菁逐漸明白父親的用意。先考取營養師執照再出國念書，是為了避免萬一有變化，至少無後顧之憂；希望她甄選上公立學校，是因為父親身為小鎮上的地方醫師，收入不比大城市，資源有限，孩子本身也要付出努力；至於指定日本，則是因為台灣與日本同為亞洲國家，飲食及文化也非常接近，對於未來發揮更有幫助。

確立目標之後，不會日文、沒有學術界人脈背景的張琬菁，想辦法創造自己的路。

大膽嘗試，不怕被拒絕

她找出系上曾留學日本的陳俊榮老師，前去研究室敲門拜訪，並開始熟悉研究生活，後來在一堂藥理學的課堂上，授課教授林松洲播放投影片，張琬菁注意到第一張投影片上寫著「東京大學博士林松洲」，讓她印象深刻。

下課後，張琬菁走向林松洲的辦公室，大膽地自我介紹、說明想留學的心意及所做的準備，成功讓林松洲為她寫推薦信，憑著推薦信終於取得前往東京大學進行面試的門票。

在自己的努力和貴人的協助下，只學會五十音的她，獲得進入東京大學研究生的資格；半年後，通過正式入學考試。二〇一一年四月，成為臺北醫學大學營養系第一個進入東京大學研究所的學生。

這種「不怕被拒絕」的人格特質，後來自然也成為張琬菁擔任業務工作的一

① 在日本參與學術研討會
② 張琬菁訂定計畫並逐步實現，在先生（左）的支持下，完成海外工作的夢想
③ 因為有家人的支持，張琬菁才能擁有豐富的留學生涯

① 在台北國際花卉博覽會為日本祈福
② 張琬菁取得日本碩士學位後，開心與爸爸媽媽合影
③ 在日本留學期間，張琬菁結交不少在地好友

項利器。

二〇一三年，張琬菁取得東京大學碩士學位，回到國內的第一份工作，是進入全球排名前十大的賽諾菲藥廠，從第一線的業務人員開始做起。短短兩年，她晉升為年營業額超過十億的產品線副理，踏實踩出的每一步，都奠定張琬菁被獵人頭公司看見，邀請到海外工作的基礎。

突破語言文化障礙，打下堅實學術基礎

在日本求學期間，張琬菁遇到許多文化差異，她認為這是在海外需要克服的關鍵挑戰。「沒有喜不喜歡的問題，唯有接受它、適應它，」張琬菁之所以能夠屢屢在職涯上不斷突破及被看見，主因在於準備面試資料及工作時「重視細節」的展現，這與她留學期間感受到日本人對細節的執著有關。

「在研究所時，我很認真寫出來的報告，被教授改回來的版本往往是一片紅字，大概除了『and / or』之外，其他全被改了。一開始會覺得挫折，但這是日本人講究條理與追求細節的基因。我告訴自己一定要適應，不要覺得是針對個人，

就會變成很棒的學習經驗，」張琬菁說。

透過日本與台灣文化上的對比，張琬菁發現台灣有一點很值得驕傲，就是女性在職場上有很大的空間，可以走出自己的路，甚至擔任決策者的角色，這在亞洲國家來說，是很特別的職場文化。

首次外派經歷，學到用更高視野看事情

二〇一七年，張琬菁進入「智抗糖」，擔任該公司第一位日本市場開發經理。第一年是差旅形式往返台日，第二年為這家在國內智慧醫療領域一直走在最前端的台灣公司，成立海外第一家子公司，在全球第二大醫療市場的日本開拓海外商業活動。

談到這段經歷，張琬菁以「荒島求生記」來形容。「新創公司資源少，每天都在不確定下生活，壓力與挫折大，卻也養成了消化壓力和挫折的能耐，知道如何與這些不好的感覺和平共處，以及該如何做出應對決策。」

其次，因為有了外派機會，得以與新創公司的CEO一起工作，視野比同儕

① 張琬菁利用工作之餘，帶領團隊投入商業出版領域，企劃統籌出書
② 張琬菁參與出版的兩本著作：《帶著勇敢去旅行》、《樂遊台灣》

更寬廣。「海外公司要如何打進日本本土？如何在產品差異化之外，證明能做得比日本在地公司更好？」張琬菁說，這都要靠團隊努力，也因此豐富了她看事情的面向，懂得去深究探討在不同決策底下，深層的思維究竟有什麼差異。

「譬如，海外可以選擇的地方那麼多，為什麼是日本？是因為醫療市場更成熟？或者GDP更高？公司又該投入多少資本？如何運用？時間進程該如何安排？一開始需要哪種特質的人才？下一步又需要什麼樣的人才？每做一次決策，又會對下一步產生什麼影響？」張琬菁說，海外工作帶給她獨特的經驗，

想對台灣及年輕人說的話

讓台灣的美，被世界看見。

就是再次快速成長。

二〇一九年，張琬菁決定再次回到台灣工作。「我很堅持在結婚、生小孩之前，至少要去海外工作兩年，唯有擁有這樣的經歷，未來才能有更大的發展機會。在全球化的過程中，面對未知，仍然知道自己做得到。海外求學與工作的經驗給我最大的影響，就是發自內心知道隨時都可以準備好自己，隨時可以去冒險，可以去爭取機會。」

而海外求學、工作的歷程，則讓張琬菁更有自信，她說：「沒有什麼事是我能想像卻不敢去做的。我敢做夢，也敢去逐夢。我不覺得是趨勢帶動我，而是我成為趨勢的一部分，甚至站在趨勢前面。海外的磨練讓我不只敢做夢，而是成為夢想的一部分。」

把拿手工作做到最好，才是踏實生活

二〇一九年，張琬菁利用工作之餘，帶領一個非正式團隊，走入商業出版領域。她用一年半的時間定位產品、找資源、整合各方人才，企劃統籌一本書，最後由出版社買下版權。她很享受這個類似創業的過程，張琬菁說：「我手上原本毫無資源，只有一個點子，如何讓它變成成果，從零到有的過程，非常過癮。」

二〇二〇年這一年，張琬菁三十三歲，她的父親也是在三十三歲時，從大城市的醫院回到家鄉執業。對張琬菁來說，這輩子影響她最大的人，就是父親。

張琬菁分享：「父親非常有責任感，知道自己該做什麼事情，這帶給我很深的影響。即使家鄉遭逢九二一大地震的巨變，或是全台受到SARS侵襲，甚至八〇年代台灣有一波醫師出走潮，我的父母都一直守在崗位上。」父親看事情的高度、對人的尊重，以及每天把專業做到極致的態度，在在讓張琬菁感受到，這就是對自己、對社會，最負責任的方式，更是最簡單也最踏實的生活方式。

帶著兩段海外求學與工作的洗禮，以及父親的身教，面對不確定的未來，張琬菁有足夠的自信與能耐，在更大的商業舞台找到自我的定位，綻放屬於台灣新世代的能量。（文／李偉麟）

If it scares you, it must be a good thing to try.

張琬菁 ｜簡歷｜

- 臺北醫學大學保健營養學士（2010年）、東京大學應用生命科學研究科應用生命化學理學碩士（2013年）。
- 賽諾菲糖尿病事業處產品副理（2016年）。
- H2株式會社日本資深事業開發經理（2017年）。
- 台灣諾華商務執行暨事業開發策略部事業開發暨策略經理（2019年）。
- 企劃統籌出版《樂遊台灣》（2019年）。

張秉霖 盾心科技共同創辦人暨技術長

從問題學生到留英博士
一個念頭改變人生

從小，張秉霖就是個讓師長們頭痛萬分的孩子，
忙著搞地下樂團、玩線上遊戲，不愛讀書。
直至高中、大學時代，他遇上了幾位貴人老師，
到國外發表論文、開啟眼界，然後赴英深造，找到學習動機，
拿到博士學位回台創業，
徹底改變了自己的人生。

「我不是所謂的好學生，」張秉霖斬釘截鐵地形容自己求學生涯的上半場。

但其實，許多人印象中的他，是一位取得倫敦帝國理工學院（Imperial College London）博士學位的高材生，同時也是新創科技公司共同創辦人暨技術長，人生的上下半場產生如此重大的逆轉，背後其實藏著一些特別的故事。

不認同教育體制，每天打電玩、搞樂團

「國、高中階段，我的成績很爛，在老師眼中屬於資質不錯但不愛念書的學生，」張秉霖笑著說。高中時抽菸、翻牆蹺課、無照騎機車，樣樣都來，每天快到中午才進學校。張秉霖就讀第三類組，但主要科目數學、物理、化學卻從來沒有及格過，每學期寒暑假都要補修、補考，國中時，甚至有師長當面指著他罵：「你根本沒救了！」

雖然是大家眼中的問題學生，但張秉霖內心知道，他只是與當時台灣的教育制度格格不入，無法認同升學只是為了獲取更高收入的價值觀，但無奈處在這樣的教育體制下，張秉霖缺乏學習動機，挫折感不斷加重，只能選擇以打電玩、玩

樂團度日，每天放學後不是上網咖連線對戰到晚上八、九點，就是練習樂團，還曾因為練團而忘了參加期中考。在那段荒唐歲月中，唯一能讓張秉霖興致高昂的事情，不是音樂吉他，就是沉浸在電腦科學的世界裡。

張秉霖說：「記得國二時，有一次在《PC home》雜誌上看到如何將ＣＤ音軌格式轉換成ＭＰ３檔案的技術文章，我立刻興沖沖地自架一個ＭＰ３網站，讓網友可從網站中下載流行歌曲。」在二〇〇三年那個網路尚未普及的年代，張秉霖自架網站日流量可達五百人以上，年少懵懂缺乏著作權概念的他，還曾經異想天開，想靠網站收取廣告費獲利，雖然夢想並未落實，但也足以讓他認知到：新科技能夠撼動整個產業，成為電腦科學家的種子，已然在心中悄悄萌芽。

張秉霖就是一個如此極端的人，對於感興趣的事物，可以廢寢忘食地投入，但就是無法集中注意力在不感興趣的事物上，因此對追求學業成績完全提不起勁，所幸在高中、大學時遇到生命中的貴人，讓他重拾對生命的熱情，並找到未來努力的方向。

就讀鳳山高中期間，張秉霖面臨個人和社會主流價值觀之間的矛盾，他內心不知所措、不懂如何自處，外表則展現出一付桀驁不馴、目無尊長的模樣。

當時有一位國文老師，也是他的導師——曾珍老師，面對張秉霖，始終循循善誘。曾珍老師用說故事的手法，讓學生理解艱澀文言文背後含義的上課模式，也啟蒙了張秉霖對文學及哲學的興趣，他逐漸釐清自己原本雜亂的邏輯思路，開始勇敢面對自己的人生。

申請上成大，從此開啟學術研究之路

進入大學，是張秉霖人生重要的轉捩點。

「當時，我申請進入成功大學資源工程學系就讀，以當時我的高中在校成績，能夠上成大多少有些僥倖的成分，因此格外珍惜這個機會，」張秉霖說。大二時，他轉系到工程科學系，開始修習程式語言、資料結構等電腦科學相關課程，這才發現：原來這就是自己從國中開始最有興趣的領域。

張秉霖自知過去的學習基礎不夠扎實，因此積極補強各種電腦科學基礎知識及程式技能。大三時，他進入鄧維光教授的實驗室，啟蒙了對機器學習與電腦視

① 成大成功校區工學院大道上曾有張秉霖求學的身影

② 張秉霖於2007年前往斯洛維尼亞，首次參與國際會議

覺的強烈興趣。

在鄧維光的鼓勵下，張秉霖在大四時發表了以類神經網路（Artificial Neural Network）的自組織映射網路（Self-Organizing Map, SOM），用於色彩量化演算法的國際論文，並且遠赴斯洛維尼亞（Slovenia）參加國際會議。

「當我第一次到歐洲發表論文時，我就覺得一定要走出去，」張秉霖堅定地說。主要是因為一方面認知到台灣在軟體及電腦科學的領域，落後歐美不少；另一方面則體會到：一定要出國增廣見聞，才能擴展視野格局，了解台灣與國外的差距究竟有多大，未來是否有機會

① 張秉霖於2019年在倫敦新創論壇演講
② 在盾心科技台北辦公室，CEO Shawn（左）與來自北美的業務同仁（右）討論交流，而對張秉霖來說，國外留學經歷促使他可以輕鬆和各國專業人才共事

超英趕美。

赴英留學顛覆價值觀，用大格局看世界

二〇〇九年，張秉霖申請到多所英國大學的入學資格，最後選擇南安普頓大學（University of Southampton），主要是因為該校在微電子電機領域的研究領先其他學校，全球資訊網（World Wide Web, WWW）發明人柏內茲・李（Tim Berners-Lee）就在該校任職，加上學校有一個人工智慧的學程，讓張秉霖頗感興趣，於是就決定在英格蘭南岸，展開國外生活。

初抵英國，張秉霖就面臨不小的文化

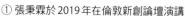

衝擊。首先，語言能力是個很大的門檻。張秉霖觀察：自己雖然從小就學英語，閱讀與寫作能力還不錯，但口語表達卻不夠到位，「不管是追求國際最新知識，或者發表論文、參加國際會議，英文的聽說讀寫是最基礎的能力，但亞洲國家普遍缺乏文化衝擊與知識交流，長期以往將很難追趕國外腳步，」張秉霖說。

其次，他發現自己出國之前缺乏世界觀，習慣用有限視野去看待世界。譬如，張秉霖一開始在語言班上寫作課時，覺得學校生活步調緩慢，便在文章中提及台灣都市生活步調匆忙，英國生活相對輕鬆愜意。沒想到語文老師卻回覆：「你應該先去倫敦看看再下定論。」張秉霖頗有感觸地說：「現在回想起來，當時眼界確實不夠開闊，像井底之蛙。」

直至他在英國接觸來自各國的菁英，與不同文化的朋友相處交流，逐漸打開世界觀之後，不但認識了不同的文化及觀點，也學會從宏觀角度思考問題。張秉霖說：「我發現英國之所以具備很強的競爭力，不是因為某學科研發領先，而是歷史底蘊與人文素養的累積，還有每個人對專業的堅持與尊重。」

正因為重視基礎，英國教育特別喜歡探討本質性的東西。張秉霖分析：「譬如人工智慧課程，會先從什麼是人工、什麼是智慧開始定義。課堂內容多研究ＡＩ本質，包括心理學、哲學層面的思考，帶入不同學科的觀點，才進入ＡＩ核心概念。這種精神與成大校訓『窮理致知』的理念頗為一致。」

反觀台灣教育，很少探討本質，容易忽略掉表象以外還有許多值得探討的內容，尤其在創業之後，張秉霖發現英國教育的訓練讓他十分受用，譬如以人工智慧為題創業，就會從本質角度去看表象，「這樣才能掌握人工智慧可以做什麼、不能做什麼，哪些人工智慧可以發展成商用化產品、哪些比較像是泡沫，」張秉霖分享。

研讀博士，學習態度一百八十度大轉變

起初，張秉霖只想去英國念碩士，打算畢業後就踏入職場或尋求創業，但經過英國求學的震撼教育之後，他深覺自己在基礎學科上的不足，因此興起了繼續進修電腦視覺博士的念頭，後來順利申請到倫敦帝國理工學院的電腦科學博士班，有機會與一群國際頂尖的學者共事。

① 盾心科技團隊遍布台灣、倫敦等地，都是科技業的菁英分子

② 盾心科技聚集許多國際優秀人才，一起工作，激發創意

從博一開始，張秉霖重新拾起數學相關科目學習，突然發現：過去艱澀難懂的數學公式，竟然慢慢都能融會貫通，原來並不是自己無法理解數學工具，而是觀念有誤，以前是為了考試而背誦數學理論，現在則是用理解方式去學習並應用數學。一旦觀念對了，學習成效自然也突飛猛進。

取得博士學位後，張秉霖評估自己底氣已足夠，對創業這件事蓄勢待發。在因緣際會下，他結識了幾位志同道合的夥伴，二〇一四年回到台灣，創立盾心科技，專注在使用電腦視覺與機器學習演算法，實現自動化保全系統。

想對台灣及年輕人說的話

明天會更好。

經過幾年來的努力，目前，盾心科技團隊已擴增到七、八十人，遍布台北、倫敦等地，張秉霖則是英國、台灣兩地跑，負責帶領軟體研發團隊及管理事務。

創業終極目標：改變台灣軟體產業

「創業之後，又是另一番完全不同的人生風景，」張秉霖感性地說，「必須面臨人事管理、營運種種混亂過程，此外，像是產品與市場適配問題，如何兼顧研發團隊的創新力與效率等，也都是高度挑戰的任務。」

此外，在台灣很難招募到一流的人工智慧工程師，因為優秀人才都直接到美國矽谷或國外工作了。對此，張秉霖不禁思索：台灣如果沒有建立相關產業，就沒辦法讓學生學以致用，更遑論吸引海外留學的人才返鄉就業。因此，他期待從創業開始，慢慢改變台灣缺乏軟體產業的現況，改善學術界與產業界脫勾的問題，期盼能創造台灣軟體產業生態的正向循環。

由於曾在求學階段面臨徬徨無助的心情，張秉霖也鼓勵青年學子，千萬不要只跟隨主流價值觀，或是別人幫你決定好的路線，必須確定自己的三觀（人生觀、價值觀、世界觀），並且找到能使自己感到有意義、充滿熱忱的事物，然後投入每分每秒去實現。

「如果只是追求名校科系、成績這些表面的東西，期待考上名校後能坐領高薪，根本沒有想過人生所求為何，那就太可惜了，」張秉霖強調，「人在十五到三十歲階段，一定要好好思考人生哲學問題，才知道人生的中半段、後半段，要投入在什麼地方。」

此外，他也建議台灣學生一定要出去看看，放大視野。張秉霖說：「不管是交換學生、出國打工、旅遊，一定要跨出去，才能擺脫島國思維，更能體會台灣處境。」（文／沈勤譽）

窮理致知。

張秉霖 |簡歷|

- 成功大學工程科學學士（2007年）、南安普頓大學人工智慧碩士（2010年）、英國倫敦帝國理工學院電腦視覺博士（2014年）。
- 創辦盾心科技（Umbo CV）擔任技術長（2015年迄今）。
- 獲碩士論文一級榮譽學位傑出獎、電腦輔助介入資訊處理國際會議（IPCAI）學生論文獎。

陳介涵 鋼琴家

突破限制
奏出全球驚嘆的樂章

她的手不夠大，
卻克服先天條件不足，成為享譽全球的鋼琴家；
她一句俄文都不會，
卻隻身負笈俄國，只為挑戰心中夢想殿堂。
陳介涵，憑著勇於面對問題、克服困難的意志，
用有限的琴鍵，彈出無限精采的音樂人生。

坐在史坦威鋼琴前的陳介涵，身形嬌小、手臂纖細，但是當她的雙手按下第一個音符開始，旋律時而如歌輕盈、時而縱橫開闔地流瀉在空氣中，普羅高菲夫、莫札特、拉赫曼尼諾夫等音樂巨匠的樂章，在她手中幻化成一個個鑲上溫暖金邊的圓潤音符，「讓鋼琴說話的女孩（a girl who makes the piano speak）」是義大利樂評給予陳介涵的評價，貼切又精準。

第一位獲「學者之家」邀請的台灣鋼琴家

畢業於美國茱莉亞音樂學院與俄羅斯柴可夫斯基音樂學院兩大名校，陳介涵身上同時融鑄了台灣本土扎實的訓練，以及美俄鋼琴名師的深厚素養，造就她寬廣的音樂視野。

陳介涵也是目前台灣少數能夠深度詮釋俄式音樂文化的音樂家，她在二〇一七年至二〇一九年連續三年，受到俄羅斯莫斯科「學者之家」邀請，成為第一位於該演奏廳公開演出的台灣鋼琴家。

雖然已是當今最受矚目的年輕鋼琴家，舞台下的陳介涵沒有高高在上的音樂

① 陳介涵自小學琴，奠定良好基礎

② 因為有父母的支持，讓陳介涵放心闖蕩國際樂壇

家姿態，她的笑容真誠而溫暖，帶著彷彿要將心都掏出來般的赤誠，急促地想跟世界分享更多關於音樂及生命的美好。

「只有能聽到充滿這世界音樂的人，才能創造自己的音樂，」陳介涵正是日本直木賞作品《蜜蜂與遠雷》中所描述的音樂家。

因為對音樂的熱情與尊敬，陳介涵一直在打破外界的刻板印象，不論是手不夠大的先天條件，或是不追逐國際大獎的絢麗榮耀，甚至是已身為三個孩子的母親，還能活躍於樂壇……。

這些看似不利的限制，都沒有阻礙她的職業之路，反而讓她學會用自己的步調，立足台灣、連接國際，持續用鋼琴綻放出優雅、從容的音樂花朵。

「成為鋼琴家，對我來說好像是很自然的事。」陳介涵如此分享。因為母親未能完成夢想的遺憾與補償心理，陳介涵從小就在充滿音樂的環境下長大，每天一早起床，耳邊流瀉的便是各個鋼琴家彈奏的經典樂曲，音樂就像是空氣一樣，滲透進她的血液裡。

陳介涵很小時就能分辨不同演奏家的曲風及曲目，也耐得住性子坐在鋼琴前苦練。「當時我就對節奏鮮明、和聲較為尖銳的俄羅斯音樂很著迷。但老實說，那時候與其說是自己想成為鋼琴家，不如說是為了符合父母對我的期許，」陳介涵回憶。

先天條件不足，遇啟蒙老師後開竅

音樂的熱情，是需要被點燃的。就讀音樂班時，陳介涵一開始的表現並不是特別亮眼。她分享：「我個子嬌小，手也不大，學習速度不像班上其他男生那麼快。」在挫折之下，陳介涵一度對自己缺乏信心，直到小學六年級遇到啟蒙恩師，她一下子就開竅了。

那位老師不只幫她打下扎實的基礎，讓陳介涵的指力有了長足進步，更重要的是打開了陳介涵對音樂的想像力。

陳介涵回憶，老師會拿出一盒彩色筆，讓她用不同顏色去塗不同的聲部，也會讓她給每個樂段一個形容詞，「我才發現，原來在音樂的世界裡，我也可以是創造者，真實表達自己內心的聲音，」陳介涵說。

在老師的領導下，陳介涵對音樂有了正確的感受力，技巧也隨之提升，表現更是突飛猛進，屢屢在比賽中獲獎，堅定了陳介涵想要成為鋼琴家的決心。

性格嚴謹又自律的陳介涵，不只上課認真，回家還會拿出錄音檔反覆聆聽老師的教誨，也為自己樹立了許多榜樣。陳介涵說：「有些音樂家每天苦練八小時，也有人在我這個年紀就練了什麼曲目，我都希望自己能做到。」

從古亭國小到師大附中，陳介涵在台灣接受了十年音樂班教育，一路上獲得各大比賽的肯定，譬如在二〇〇二年拿下義大利蒙諾波利國際鋼琴大賽首獎，也常受邀到世界各地演出，是當時備受音樂界矚目的潛力新星。

②

③

①

① 海外求學經驗，讓陳介涵認識許多來自不同領域的好友，也增加了跨域合作與交流的機會
② 透過比賽不但可以獲取演奏經驗，也可以結識更多音樂好手，眼界大開
③ 父母與妹妹是陳介涵演奏會中最忠實的聽眾

高中畢業後，陳介涵順利考上美國頂尖音樂學府、曾孕育出馬友友和帕爾曼等知名音樂家的茱莉亞音樂學院。看似一帆風順的她，內心卻充滿了對異國環境與文化適應的煩惱與失落。

考上美國名校，卻遭逢巨大文化衝擊

第一個文化衝擊，是來自美國鼓勵個人表達的風氣。雖然陳介涵念音樂，但必須時常與戲劇、舞蹈科的同學合作，還得大量用英文溝通、表達自我，這對內向、不擅長言辭的陳介涵來說，是格外辛苦的挑戰。

另一個不適應的地方，是紐約與台灣的環境差異。陳介涵在台灣練琴時，總是喜歡從窗戶遠眺山林及樹木綠意，但是紐約的練習琴房不但沒有窗戶，還充斥著車水馬龍的噪音，陳介涵說：「我好像被困在一個都市叢林，覺得自己除了音樂什麼都沒有，失去了想像力。」

在茱莉亞的第一年，陳介涵來不及感受紐約的自由空氣，就被緊繃失落的陰影所籠罩。直到大二那年，她偶然讀到《最後14堂星期二的課》一書，深受感動，她說：「我從書中學習到，做為一個人，要如何無私分享生命裡遭遇過的歷程。」

從恩師身上看見自己想要成為的模樣

正如同書中主角向恩師墨瑞學習到的智慧，陳介涵也開始學著敞開心胸，與茱莉亞音樂學院的兩位導師——坎寧（Martin Canin）、史蘭倩絲卡（Ruth Slenczynska）建立起深厚的情誼。

「兩位老師的年紀都比較年長，也非常需要陪伴，所以我們常常一起去參觀博物館或聽音樂會，」陳介涵笑著說，她從兩位長者身上學到，比起汲汲營營想要參加比賽、獲得名聲，音樂是更長遠的路，最重要的是認真坐在鋼琴前，扎實地研究並累積曲目。

其中，史蘭倩絲卡對陳介涵的影響更深。陳介涵觀察：「史老師的手也很小，但是她演奏的力度、速度完全不遜於男性演奏家。」這位享譽國際的鋼琴家每日還是堅持練琴，沒有一日鬆懈。

① 坎寧老師（左）對陳介涵的音樂學習之路影響至深
② 陳介涵與恩師史蘭倩絲卡（右）合影

「更令我敬佩的是老師獨立且充滿活力的生活方式，」陳介涵分享，老師即使已是九十多歲高齡，面對家務、教學，仍不假手他人，總是用樂觀的心態去面對生活中的種種障礙，「一個老太太，為了與我們聯繫，居然還學會用臉書！」

在史蘭倩絲卡身上，陳介涵看到了自己未來想要成為的模樣。她說：「老師無私地與我分享她的生命，包括從小以天才兒童之姿出道，如何逃脫父親的控制，經歷過一段不幸福的婚姻後走出來，然後活出了女人應該有的樣子。」

對陳介涵而言，史蘭倩絲卡不只是

想對台灣及年輕人說的話

台灣人好像都覺得國外的月亮特別圓，但我去了許多國家之後再回來，覺得台灣是世界上最棒的地方。我們一定要有這樣的自信，但也要保持謙虛，台灣會愈來愈好。

個成功的音樂家，更是一個身心健康的全人。「她也許將百分之八十的心力都放在音樂上，但她並沒有忽略剩下的百分之二十，她什麼都願意學習，努力跟上時代的腳步，」陳介涵說。

在俄羅斯真正領會音樂動人真諦

自茱莉亞音樂學院畢業之後，陳介涵決定追隨自己童年的夢想，在一句俄文都不會說的情況下，毅然決然前往俄羅斯留學，先後就讀莫斯科葛涅辛音樂學院，以及世界聞名的柴可夫斯基音樂學院。

陳介涵笑著說：「我想的很單純，只是想多學一種語言、多看一個國家、多學一些曲目。」從一開始只想待三個月，沒想到後來卻待了八年，不只念完碩士、博士，更結識人生伴侶，生下三個孩子，成為半個俄羅斯人。

但是一開始到俄國求學，陳介涵簡直是從天堂掉到地獄。陳介涵回憶，在茱莉亞音樂學院，每位學生都能在專屬琴房中練習，但是在柴可夫斯基音樂學院裡，琴房優先提供給老師授課使用。

當時陳介涵的宿舍離學校很遠，為了搶到琴房，她每天總是非常早起坐火車到學校，但好不容易等到琴房，才練習一下，就會被下一位上課的老師吩咐離開。此外，琴房的琴狀況百出，有些缺少琴鍵，有的是踏板不能踩，更缺乏精準的調音，「但是那時候我根本不在乎，滿腦子想的只是怎麼在老師來之前多練幾首曲子，」陳介涵說。

這段經歷，讓陳介涵深刻體會，只要用心彈奏，用想像力去創造，不需要頂級名琴就能彈奏出美好的音樂。「就像是人與人相處，不要放大缺點，而是去欣賞對方的優點，去相信、去付出愛，就能共度美好的時光，」陳介涵表示。

如果說，美國的留學經歷，是讓陳介涵學會成為自己生命的主人，以獨立自主、持續成長的視野看待音樂；那麼，俄羅斯的八年生活，則讓她領略到音樂能夠感動人心的本質，在於對生命的熱愛與珍惜。

「為什麼俄國音樂家的音樂這麼動人？因為他們真的經歷過一些深刻的生活體驗，」陳介涵娓娓道來她所看到的俄羅斯生活，「俄羅斯並不是一個很富裕的國家，一般人民普遍沒什麼錢，他們所擁有的只有天然資源及公共設施，還有腦袋裡的知識。」但物質匱乏並不會打擊俄羅斯民族，反而使他們將心力寄託在精神世界，創造出獨樹一幟、鮮明深刻的文學與藝術內涵。

以台灣為出發點，用音樂連結世界

拿到博士文憑後，陳介涵選擇回到台灣，重新開始。這時的她已深刻體會到，在音樂這條路上，最重要的是找到適合自己的節奏及方向。

剛開始到美國時，陳介涵期待自己能以國際大賽為目標，成為國際音樂界爭相合作的鋼琴演奏家；但當時的兩位老師卻非常不贊同她去參加比賽。

老師們認為，陳介涵的音樂風格內斂而細膩，不適合炫技型的比賽風格，陳介涵說：「後來我也慢慢理解老師的用意，因為比賽必須在高壓環境下，快速展現演出者的音樂風格，但音樂是藝術，需要花時間累積，建立自己的風格。」

如今的陳介涵，已經勇敢開創出屬於自己的音樂生涯，以台灣為根據地，每年固定開演奏會，挑戰普羅高菲夫、拉赫曼尼諾夫等俄國作曲家的艱難曲目；同時，她也固定接受俄國的演奏邀請，透過音樂，搭建起台俄之間的文化交流橋梁。

對於同樣嚮往音樂及海外生活的年輕人，陳介涵也分享自己一路走來的心得：「你一定要知道自己所愛為何，也要勇於面對各式各樣的挫折，就算很有天分，但音樂這條路絕對不會是順遂的。」

「就像我在音量或速度上可能比不上男性演奏家，但演奏家就像一面鏡子，而作曲家的音樂則是光。只要鏡子夠清澈，即使面積小，也能透出它的光芒。」陳介涵說，每個人所折射出來的色彩都不同，「也因為如此，世界才更加豐富多元。」

採訪最後，陳介涵為我們彈奏起優美的莫札特，她的十指在黑白琴鍵上躍動時，令人不禁想起電影《海上鋼琴師》中的台詞：「琴鍵只有八十八個，誰也無法改變。琴鍵有限，但彈奏的人是無限，琴鍵演奏出來的音樂也是無限。」

在有限條件中建造起寬廣無垠的音樂世界，正是陳介涵最迷人的魅力，也令人見證台灣的音樂家，正在走出屬於自己的一條康莊大道。（文／王維玲）

Don't quit now,
Look how far you have come.
God hasn't failed you yet and
He won't start now.

陳介涵 | 簡歷 |

- 十一歲奪得臺北市鋼琴賽冠軍（1996年）。
- 義大利第五屆「Premio Mauro Paolo Monopoli」國際鋼琴大賽跨齡成人組冠軍（2002年）。
- 蟬聯三屆東森育英獎學金鋼琴藝術首獎（2003～2005年）。
- 錄取茱莉亞音樂學院（2004年）。
- 錄取俄羅斯莫斯科柴可夫斯基音樂學院（2011年）。
- 俄羅斯莫斯科柴可夫斯基音樂學院鋼琴演奏藝術博士（2015年）。

黃敏祐　台灣首位馬可尼青年學者獎得主

用〇·〇〇一毫秒敲開全球通訊技術的大門

二〇一九年五月，一座素有通訊界小諾貝爾獎之稱的獎項，頒給了來自台灣的黃敏祐，成為史上第一個獲此殊榮的台灣人。

這個跳級直攻美國博士的台灣囝仔，不只會念書，更勇於挑戰最難的題目，在5G領域率先突破，達到連科技大廠都望塵莫及的成就。

TECH
ADMINISTRATION BUILDING

二〇一九年五月十三日，在全球通訊技術研究領域享有盛名的馬可尼學會，於美國史丹佛大學頒發馬可尼學會青年學者獎（Marconi Society Paul Baran Young Scholar Award），就讀喬治亞理工學院博士的黃敏祐，為此屆獎項的獲獎人，他也是有史以來第一位來自台灣的獲獎者。黃敏祐在致感謝辭時提到：「我從沒有想過，憑著個人的研究，可以讓國際更認識台灣。」

馬可尼學會所頒發的馬可尼獎（Marconi Prize），被稱為通訊界的諾貝爾獎，多位在全球通訊技術發展歷史中具有重要貢獻的科學家，都曾獲得此一獎項。至於馬可尼學會青年學者獎，則是頒發給年紀小於二十八歲，並有傑出成就及貢獻的年輕科學家，因此素有小諾貝爾獎之稱。

從一個5G技術的入門研究者，短短不到五年，黃敏祐將數學、高階物理、創新電路設計融入在自行開發的晶片上，透過他發明設計的全新反饋系統，突破長期技術發展瓶頸，一舉達成能在〇・〇〇一毫秒內自行偵測校準，並快速建立可靠通訊鏈結的研究成果。

〇・〇〇一毫秒是什麼樣的概念？

目前全球已開發出的技術，最快反應時間是十毫秒，5G技術標準中所規範的超可靠低時延（URLLC）標準是一毫秒，而目前還在發展初期的6G技術，被預期可能提出的URLLC規格理想值為〇．一毫秒；至於黃敏祐目前的研究成果，已超越未來6G技術預期值的一千倍水準。

儘管獲得如此高的成就，但黃敏祐對他這幾年負笈海外的形容，竟是「破釜沉舟」。當時黃敏祐並不是沒有其他的選擇，只是他選了在旁人眼中最難的一條路——直攻博士。

就如同他後來在喬治亞理工學院攻讀博士班所選擇的研究方向，黃敏祐並未盲目跟隨熱潮，而是在忙碌高壓的實驗室生涯中，透過各種參加技術研討會的機會，發現了一個最有難度、卻還沒有人能突破的題目做為研究方向——超可靠低時延通信。

新技術讓高階自駕、遠距手術不是夢

從5G出發，卻把眼光放在更高深的6G技術上，是因為相較於已有許多研

① 除了讀書，黃敏祐大學時期也參與各種社團活動

② 黃敏祐獲頒清華大學書卷獎

究投入的高速行動寬頻傳輸速度技術，或是能容納海量裝置設備的物聯網應用技術，超可靠低時延通信技術還有相當大的發展空間。

隨著行動通訊技術不斷發展，既有低頻段空間將愈來愈擁擠，行動通訊技術應用頻段將往更高頻率移動。可是，高頻段雖提供更寬的頻寬服務，卻也受限於先天限制，必須解決高頻段傳輸距離短、訊號衰減等應用問題。

黃敏祐的研究突破，正是未來關鍵技術所在。因為如今的高頻行動通訊技術，是將幾百、幾千個天線訊號集中，傳到更遠的距離，但在高速移動環境下，難度極高。黃敏祐以一個簡單例子說明：「就像雷射筆很容易指到一個靜止物體，但若有千百支雷射筆，要同時指到同一個高速移動的物體上，這有多難？」

而他也發現解決方法，並在實驗室中證明理論，甚至自行設計電路與程式，開發出可驗證系統功能的晶片。

黃敏祐所達成的〇・〇〇一毫秒傳輸時延紀錄，代表未來可以在高速傳輸的環境下，進行更複雜的運算與傳輸，從實際應用面來看，無論是更高階的自動駕駛，到導入大量人工智慧機器學習的物聯網應用，都成為可能實現的境界；而且不只限於通訊領域，即使遠距手術也將不再是夢想。

靠著極具創意的技術創新，讓黃敏祐敲開全球通訊技術研究殿堂馬可尼學會大門。他充滿雄心壯志地說：「我現在已經成為馬可尼學會的一員，也設定了未來五年、十年的目標，將貢獻更多創新通訊技術，向馬可尼獎得主的成就邁進。」

敢跟全世界科學家競爭的膽量

一九九一年生的黃敏祐出身南投，台中一中畢業後考上清華大學電資學院。

大學時期的他，除了學業之外，還參加許多社團活動；但這些課外活動並沒有影響他的學業表現，二〇一三年，黃敏祐仍以第一名成績畢業。

黃敏祐說：「我要求自己每堂課都必須要聽懂百分之八十，下課至少要問懂百分之十，然後百分之十靠自修。我從小就是一個會不斷問老師問題的學生，到了美國也是這樣。很多人說國外的教育環境比較自由開放，但以我的經驗來看，台灣的教育環境還是很好的，資源其實都在，就看你自己願不願意用。」

在黃敏祐就讀清華大學電資學院時，當時的系主任、電機系特聘教授徐碩鴻給了黃敏祐非常多的指引。徐碩鴻曾經在一次採訪中提到：「黃敏祐最難得的一點是，他的志向很高，也有膽量跟全世界科學家競爭。」

清大畢業，直攻美國頂大博士

在老師眼中「很有膽量」的黃敏祐，大學畢業時也的確選了一條沒人敢走的路：直接申請美國頂級大學直攻博士。在那一年，清大電資學院總共有一百五十名畢業生，十個人出國留學，只有黃敏祐一個人直攻博士。

① 黃敏祐與貝爾實驗室執行長 Dr. Robert Tkach（右）合影
② 黃敏祐接受清大校長賀陳弘（左）頒獎
③ 黃敏祐清大畢業與同學合照

① 在國外念書面臨許多挑戰與困難，黃敏祐都一一克服
② 馬可尼學會主席、網際網路之父瑟夫（Vint Cerf，右）及手機之父庫伯（Martin Cooper，左）十分讚賞黃敏祐（中）在通訊研究領域的突破

以清大電資學院第一名畢業的優異成績，讓黃敏祐幾乎可以申請到所有台灣或美國一流大學研究所碩士入學資格。當時「念完碩士，進業界工作」、「念完碩士、再念博士」是非常普遍的選擇，但黃敏祐說：「當時有好幾位老師強烈建議我不要申請台灣或美國的碩士班，申請美國的博士班就好。他們認為如果沒有抱著破釜沉舟的想法直攻博士，那很可能是去念個碩士，或者直接去科學園區上班。但這不是我要的生活，我想要有更多不同的可能，就應該做出不同的選擇。」

黃敏祐後來獲得了包括美國喬治亞

理工學院（全美工程前五名）、德州大學奧斯汀分校、普渡大學的博士班入學許可與獎學金。二〇一四年八月，他進入美國喬治亞理工學院攻讀博士，並在二〇一九年順利取得博士學位。

跳出舒適圈，用硬實力跟全球菁英競爭

看似順利的博士班申請過程，背後其實有著激烈競爭的現實。

因為，過去幾年台灣出國留學的人數銳減，來自中國大陸的學生則大幅增加，這些學生對於出國留學的準備完整且全面。除了在大學時期就積極參與不同類型的研究計畫、進入知名實驗室實習、參與論文產出、爭取出國交換學生等，許多中國大陸學生更是在出國之前就已經找好跟隨的教授、目標進入的實驗室，甚至透過許多方法增加被錄取的機率。

黃敏祐很有感觸地談到，相較於清大、交大，台灣很多大學幾乎沒有人要念博士班，更沒有人想出國念書，國外大學收到來自台灣的申請入學學生愈來愈少，學校或教授也就更難有機會認識台灣的學校，或是認可台灣學生的能力。如

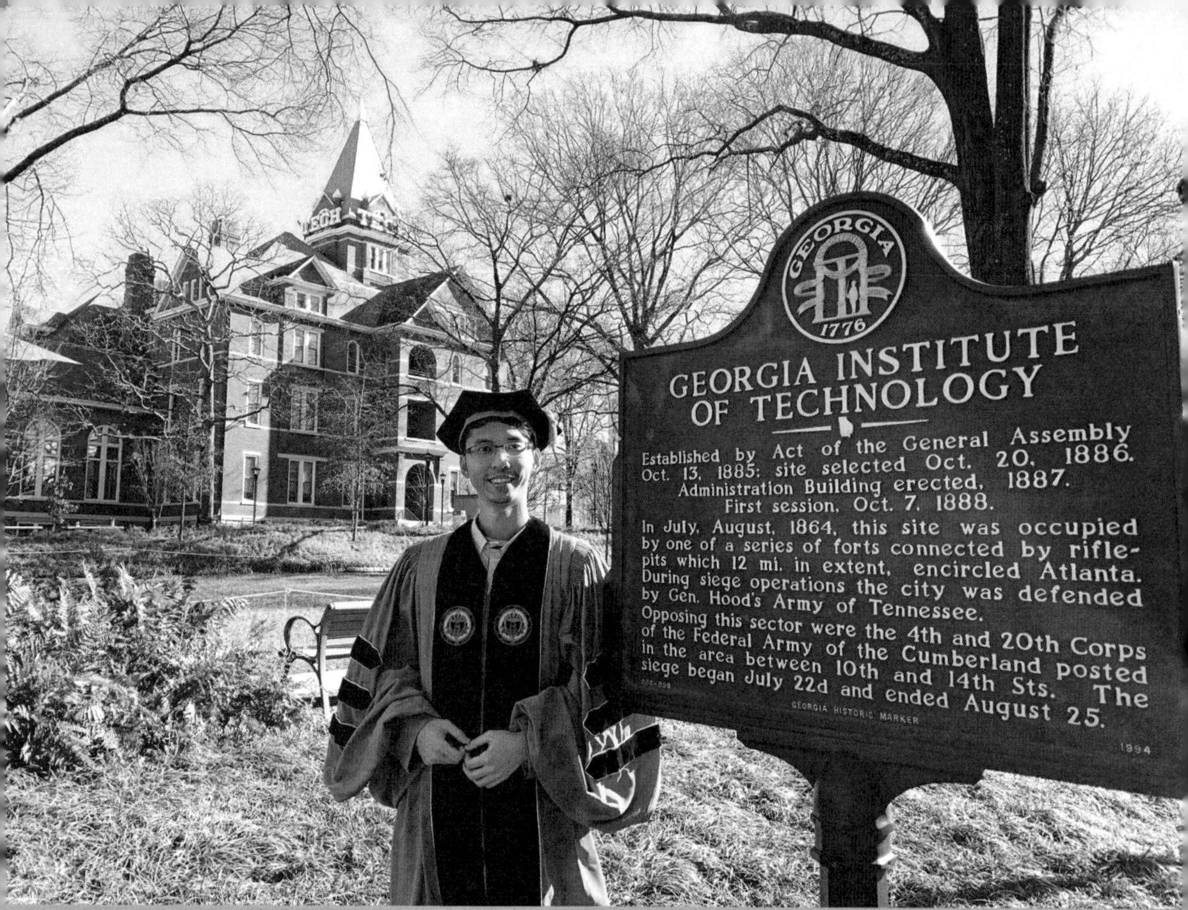

想對台灣及年輕人說的話

不論什麼時候，都應該好好投資自己，想清楚自己要的是什麼，千萬不要隨波逐流，應該在每一個階段突破不同的自我。

今，國外很多人提到清華大學，會想到北京清大而不是台灣清大，這是必須正視的問題。

而初到美國的黃敏祐，其實經歷過一段非常辛苦的歲月。由於是大學畢業直攻博士，許多研究所課程必須自己補上，當時黃敏祐經常在實驗室工作到凌晨，然後回家繼續讀書。

他說：「在實驗室工作挑戰很大，第一名畢業並不足以證明實力，因為有來自全世界的優秀人才跟你競爭，那時在實驗室最常聽到的話就是『move fast』，必須靠實際的研究成果證明自己，所有技術研究與創新想法，都必須有完整的推導與驗證過程。」

這段「血汗爆肝」的過程，甘苦冷暖不足為外人道，但黃敏祐很清楚知道自己要達到什麼目標，這也是支持他繼續下去的動力。很多人認為念博士是身處學術象牙塔中，但黃敏祐卻認為這是一段社會化的過程，特別是在美國大學，在老師的實驗室裡工作，研究成果必須能量化，才能證明自己。

對於目前成果，黃敏祐認為要歸功於許多人的幫助，他說：「我母親經常告訴我，一定要學會感恩，因為不是每個人付出一樣的努力，都能得到跟你一樣多的收穫。」

從克服種種難關取得獎學金直攻博士，到選擇一個不被看好卻能做出成績的研究題目，不到三十歲的黃敏祐，成就來自從不畫地自限的自信。

他引用同為馬可尼學會成員、馬可尼獎得主，也是手機發明人Martin Cooper的一句話：「The best way to get people to think outside the box is not to create the box in the first place.（富彈性沒有框架的思考，往往是創新和改變人生觀的開始）」期許自己也鼓勵台灣年輕學子——跳出舒適圈，和世界競爭，就能讓世界看見台灣。（文／陳慧玲）

跳出舒適圈，選一條有挑
戰性且不後悔的路，因爲
人生只有一次！

黃敏祐 |簡歷|

- 清華大學電機資訊學院學士（2013年）、美國喬治亞理工學院電機電腦工程博士（2019年）。
- 獲國際固態電路會議「最佳電路設計獎」（2016年）。
- 獲喬治亞理工學院「最佳學生研究獎」（2017年）。
- 獲電機電子工程師學會微波通訊工程最高學生榮譽「研究獎學金」（2018年）。
- 獲馬可尼學會青年學者獎、電機電子工程師學會固態電子最高學生榮譽「博士成就獎」（2019年）。

劉彥良 中國醫藥大學生醫研究所助理教授

把實驗結果變救命藥方
為肺癌患者找生機

「我想讓實驗室的研究應用在真實世界，而不只是漂亮數字。」

大學時代從生物科學大膽轉進生醫領域的劉彥良，
一次次地把一身專業打掉重練，
為的是有朝一日，研究成果能有助於人類生活。
他夢想打造一個橫跨生醫及癌症醫學的團隊，
為增進全人類健康而努力。

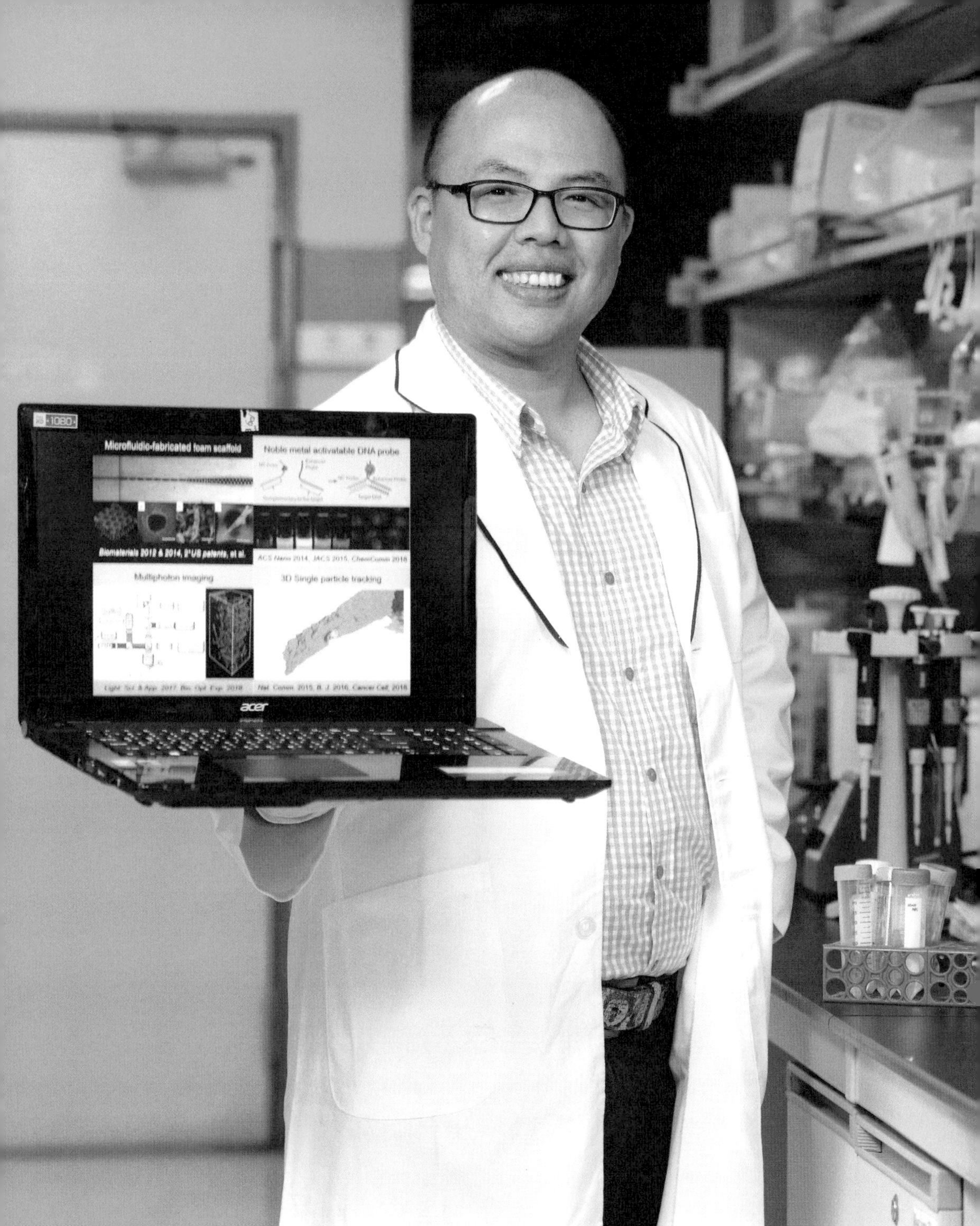
Microfluidic-fabricated foam scaffold
Noble metal activatable DNA probe
Biomaterials 2012 & 2014, 2*US patents, et al.
ACS Nano 2014, JACS 2015, ChemComm 2018
Multiphoton imaging
3D Single particle tracking
Light Sci & App. 2017, Bio. Opt. Exp. 2018
Nat. Comm. 2015, B. J. 2016, Cancer Cell, 2018
acer

根據世界衛生組織（WHO）所公布的全球肺癌發生率地圖，台灣肺癌發生率是亞洲第二，而國民健康署的統計資料則顯示，肺癌在台灣已經連續十年高居癌症死亡首位，每年因肺癌死亡的人數超過九千人，連副總統陳建仁、前副總統蕭萬長、媒體人陳文茜、臺北市市長柯文哲的夫人陳佩琪，都是肺腺癌患者。

「我能做些什麼來對抗這個台灣的健康殺手呢？」劉彥良不停思索，即使人在美國德州大學奧斯汀分校（UT Austin）生物醫學工程系擔任博士後研究員，他腦中還是經常浮現這個想法。

幫助肺癌患者對症下藥

二〇一九年，劉彥良終於將想法化為行動，成功申請到科技部年輕學者養成計畫中的「哥倫布計畫」補助，也順利取得中國醫藥大學助理教授職位，決定於二〇一九年底返台任教，建立實驗室，投入開發先進的螢光顯微術與建立腫瘤類器官癌症預測模式的研究。

劉彥良進一步分析，肺癌分為小細胞肺癌以及非小細胞肺癌，其中非小細胞肺癌包括肺腺癌、鱗狀細胞肺癌和大細胞癌三種，目前已有研究證實，台灣人有非小細胞肺癌的基因突變，好發於女性；就算不抽菸、不喝酒，但因為基因突變，女性罹患率始終居高不下。

因此，劉彥良的夢想就是要以肺癌類器官高含量藥物篩檢平台（lung cancer organoid-based High-content screening platform），幫助非小細胞肺癌患者，對症下藥。

事實上，二〇一七年英國倫敦癌症研究所就曾經在《科學》（*Science*）期刊上發表最新研究，證明類器官可以準確預測抗癌藥物對患者的療效，在這個基礎上，劉彥良想到非小細胞肺癌還有百分之三十至四十的病患抗藥機轉不明，使得醫學界無法掌握為什麼兩個有相同基因表現的病患，投以相同藥物治療，A病人可以好轉，B病人卻很快產生抗藥性。

「因此，我想以電腦視覺和深度學習分析與預測患者的藥物治療反應，採集病人檢體養成腫瘤類器官進行藥物篩檢，並根據試驗結果提供醫生建議，對病患投以最有效的藥物治療，」劉彥良說。

① 透過壘球運動，劉彥良順利融入美國同學的社交圈
② 德州大學醫工系TSUNAMI顯微鏡研究團隊（左起葉信志教授、劉聰博士、劉彥良、Dr. Evan Perillo、Prof. Andrew Dunn）

之所以會有這樣的想法，源自劉彥良對自我的期許與核心價值觀，他說：「實驗室的研究應該要應用在真實世界，而不只是一些漂亮的數字。」劉彥良回想起高中時國文老師曾告訴他：「優秀聰明的年輕人不應該全部當醫生，而是要投入基礎科學研究。」老師的啟發加上叛逆因子作祟，劉彥良毅然放棄醫學院，選讀臺大生命科學系。

生科背景為優勢，將專業用於臨床

進入大學，劉彥良發現自己對基礎研究不太有興趣，便跑去旁聽醫學工程所的組織工程課程，發現實驗室裡的研究，竟然可以轉化成對人類有幫助的醫療技術，「我第一次感受到，生命科學也可以跟臨床應用直接相關，」劉彥良說。

之後，劉彥良參加醫工所教授林峯輝的實驗室專題研究，並在大學畢業後進入臺大醫學工程研究所。

從純科學的生物到生物材料、幹細胞、生物物理研究，等於把一身功夫打掉重練，劉彥良形容一開始「痛苦萬分」，後來乾脆告訴自己：「不用念得像物理學家一樣厲害啊，這樣壓力太大了。」劉彥良發現，生科背景讓他可以用生物角度去看物理學家看不到的地方，也能用物理方法研究生物。找到自己的優勢，確定對研究的興趣和熱情後，劉彥良決定出國攻讀醫學工程博士。

出國前，劉彥良加入臺大醫院骨科榮譽教授劉華昌的幹細胞治療膝關節軟骨缺損臨床試驗計畫，實際投入「從實驗室到病床」的轉譯醫學。計畫中，研究人員將從患者身上採到的骨髓間葉幹細胞，在實驗室培養成軟骨細胞，再植入患者膝關節修補軟骨，治療膝關節缺損帶來的疼痛。

當時，劉彥良參與的十二例人體試驗治療中，八成以上都有大幅改善，這對

劉彥良博士畢業照

他來說，除了帶來成就感，還有很大的震撼，劉彥良說：「我那時覺得真的太厲害了！原來在實驗室的研究成果，真的可以讓醫生運用在臨床治療上。」而這一年的經驗，也讓劉彥良更加篤定未來方向——專精能應用到臨床、幫助病患的醫學工程研究。

再度跨界生物材料，尋求同學合作度過瓶頸

二〇一三年，劉彥良開始在德州大學奧斯汀分校攻讀生物醫學工程博士學位，指導教授是同樣來自台灣、也是臺大機械系畢業的葉信志老師。

劉彥良說，葉信志嚴格的教學風格讓他脫胎換骨，成為能深入研究且治學嚴謹的學術人、獨立的研究者，並足以自立研究室。

嚴師出高徒，劉彥良的學術研究表現亮眼。師徒兩人共同開發雙光子三維單粒子追蹤顯微鏡與其單粒子追蹤演算法，成功觀察表皮生長因子受體（ＥＧＦＲ）於細胞膜運輸至細胞核膜表面之運輸軌跡與運動模式變化，後續更進一步發現ＥＧＦＲ於細胞膜表面的運動軌跡，能做為辨別乳癌與攝護腺癌細胞株癌症轉移

能力高低的生物物理標記。

「成功果實得來不易，」劉彥良回想從生命科學走到生物材料，到了博士班又從顯微鏡使用者變成生物細胞顯微影像系統開發者，必須迅速吸收生醫、光電領域知識，進而獨立搭建顯微鏡，劉彥良說：「硬體、軟體、影像分析都得從頭來，再一次歸零，一開始真的滿挫折。」

遇到麻煩怎麼辦？劉彥良說：「趕快去找生命中的貴人。」他找到兩位具備光學背景的博士班學生合作，由劉彥良負責提供生物樣本、解釋細胞影像在生物學上的意義、規劃生物相關研究方向，另外兩位則專心開發顯微鏡。

劉彥良發現：「這樣的跨域合作，讓工程師開發出的影像系統能更切合生物領域使用。」而自己具備生命科學、醫學工程的跨領域背景，亦深具優勢。所以，當遇到同樣困境的年輕留學生向劉彥良求救，他總是以自身為例告訴學弟妹：想辦法讓自己在實驗室或研究計畫中成為不可或缺的角色，「要有不可取代性，有些事情，非你來做不可。」

從台灣到美國求學，專業上的精進可以逐步克服，但語言和文化衝擊對劉彥

① 博士班畢業時與恩師葉信志教授（右二）及同門師弟們合影
② 於美中台灣人生物科技協會分享返台求職與任教心得
③ 一同創立德州台灣人生物科技協會的夥伴

想對台灣及年輕人說的話

每個人都會迷失方向。不斷探索熱情所在，就可以確立目標，然後勇往直前。

良來說，才是一大挑戰。

打破被動學習的習慣，迎頭趕上

「台灣留學生的閱讀和寫作，通常都沒有問題，」劉彥良自己的經驗是：就算是專業原文書，只要下苦功花時間讀，都會很快克服；最弱的是口說能力，常常上台報告不知所云、無法精準傳達意思，同學、教授根本聽不懂。

而美國學生的主動和自信，則讓劉彥良「驚訝到說不出話來」。每次開會討論實驗進度時，另一位共事的博士班學生總是做足準備，把所有討論項目一一列出，並分析遇到的問題、瓶頸，連解決方案都想好了，報告時一氣呵成、侃侃而談，讓指導教授放心授權。

「反觀自己，完全不知道該講什麼，甚至連可以提出的想法都沒有，更遑論說服教授採納我的意見了，」劉彥良坦言，「那時非常、非常沒有自信。」

震驚之餘，劉彥良暗暗決定要迎頭趕上。打破台灣留學生被動學習的習慣，他訓練自己用美國學生的方式思考、準備開會，主動提出問題和建議，久而久之取得教授信任，發揮空間大增，研究也就愈來愈順利。

學業上，突破台灣留學生既有框架；生活上，他也努力打入美國同學人際圈。

劉彥良回憶，一開始和美國同學聊天，都不知道要聊什麼話題，講研究室、實驗進度，同學覺得是書呆子，一下子就找藉口落跑。「所以，很多學長姊都會在台灣的新生座談會上鼓勵學弟妹，赴美前趕快看美國職籃NBA、職棒MLB或是美式足球，到美國跟同學才有共同話題，」劉彥良笑著說。

不僅融入美國文化，劉彥良也積極把台灣文化介紹給同學。美國同學對亞洲美食、文化很有興趣，也喜歡在週末假日舉辦一人準備一道菜的聚會（potluck），劉彥良說：「有一次我炸了台灣鹹酥雞帶去聚會，哇！他們吃了驚為天人，從此之後我就成為他們potluck的固定咖，有聚會都會想到我。」

一場座談會，從研究者走上創業路

學業、生活逐漸步上軌道後，二〇一四年，劉彥良和同樣在德州攻讀博士的大學同學顏碩廷，創立強調深化產、官、學、研連結的德州台灣人生物科技協會

① 參與研討會分享研究成果（左為錢煦院士）
② 兩個可愛的小女兒是劉彥良最佳精神支柱

（TTBA），連帶影響了劉彥良的職涯規劃。

原本打算畢業後往產業發展的劉彥良，因為TTBA一場座談會，接觸到「學術創業家」的概念，發現以大學教授身分進行具商業化價值的科學研究，再透過成立公司或技術轉移，將研究應用於社會，非常符合他的個人理念，也能兼具學術研究，於是開始積極規劃學術創業之路。

科技部的「哥倫布計畫」，正是開啟劉彥良學術創業家之路最重要的一塊拼圖。

「我把實驗室當作是新創公司在經

營，」劉彥良說，「哥倫布計畫」提供充足的研究經費和資源，讓研究者得以迅速成立實驗室，採購儀器設備、招募研究人才、執行擬定的研究計畫。而台灣在生物醫學研究領域中，科學家和臨床醫師的緊密合作，也讓劉彥良得以建立橫跨生醫工程及癌症醫學的合作團隊，將尖端細胞活體影像技術結合台灣癌症臨床研究，開創類腫瘤癌症抗藥性研究模式。

返台之後，劉彥良的目標有四個：建立具國際水準的研究團隊，解決台灣及亞洲地區人們所面臨的健康問題，也希望以自身之人脈與資源，連結台灣與德州兩地國際學術合作，以及培育台灣年輕學子前往德州合作實驗室攻讀博士學位，也是極重要的任務。

「在求學與工作過程中，我很幸運一直遇到願意拉我一把的貴人，或者是與優秀同儕互相合作及競爭，我認為邁向卓越的成功祕訣，在於加入或創造一個優良環境，並身在其中奮鬥不懈，」劉彥良也鼓勵台灣年輕學子，能在確認職涯方向後，勇於離開舒適圈，盡全力往目標前進，走出屬於自己不一樣的精采人生。

（文／朱乙真）

選你所愛，愛你所選。

劉彥良 |簡歷|

- 臺灣大學生命科學學士（2008年）、臺灣大學醫學工程碩士（2010年）、美國德州大學奧斯汀分校生物醫學工程博士（2018年）。
- 科技部「哥倫布計畫」得主（2019年）。
- 中國醫藥大學生物醫學研究所助理教授（2019年）。

劉峻誠 耐能智慧創辦人

把AI生活化 打造引領時代的新創企業

因為一句承諾，劉峻誠放棄高薪選擇創業，

創業初期，為打響知名度，他參與真人秀節目，

節目結束後，員工跑光光，公司一度瀕臨倒閉。

為了東山再起，他不眠不休爭取大單，終於力挽狂瀾。

他在ＡＩ領域的成就，被國際投資人看上，

就連那斯達克交易所都主動招商。

「Nasdaq congratulates KNERON leading the way in Edge AI.」（那斯達克交易所恭賀耐能智慧在終端人工智慧領域引領新時代。）

二〇一九年四月十五日，紐約時報廣場那斯達克大樓的巨型螢幕牆上，出現了這麼一句話。光是這一天，就有近三十萬的人認識到耐能智慧在ＡＩ領域的重要性。

八個月之後，一名耐能智慧的研究人員戴上偽裝成人臉的３Ｄ面具，成功通過支付寶與微信的人臉辨識系統，耐能智慧再次登上各國媒體版面。

屢屢登上國際舞台，揭示耐能智慧已成為終端人工智慧解決方案的領導品牌，他們開發出更快、更省電、價格更低的神經網絡晶片，將ＡＩ從雲端的超級電腦帶入日常生活中。

目前，耐能智慧的合作對象包括高通、騰訊、百度、中國搜狗等大廠，除了被那斯達克交易所主動行銷並招商，也獲得紅杉資本、李嘉誠的維港投資、阿里巴巴、高通等國際投資人的青睞。

締造這些輝煌紀錄的靈魂人物，正是耐能智慧創辦人、來自台灣的創業家劉峻誠。

一手拿畫筆、一手做實驗的科技達文西

自成功大學電機工程系畢業之後，劉峻誠申請到獎學金前往美國加州大學洛杉磯分校（UCLA）深造，並順利拿到電機博士。先後在三星、晨星、高通等知名企業任職，直到二〇一五年創立耐能智慧，不到五年就成為AI領域的潛力新星。

雖然公司有高科技能量，劉峻誠卻顛覆了一般人對工程師成天待在實驗室，只會與機器打交道的刻板印象，親和力極強的他擅長溝通，談起公司新發表的AI晶片便雙眼發光，熱情地展示各種設備將如何改善人們的生活。

劉峻誠說：「其實我小時候是想當畫家和音樂家。」學生時期，他同時考上美術班、音樂班，在家人的期待下，最終進入數理資優班。

一路走來，劉峻誠曾經對許多學科都產生過濃厚的興趣。譬如：高中時他特別喜歡物理，還同時拿到臺大、清大與交大物理系的入學資格，但是在父母建

① 那斯達克交易所恭賀耐能智慧創下人工智慧新時代

② 劉峻誠參訪那斯達克

議下，他選擇進入成大電機系。問他是否會感到遺憾？劉峻誠樂觀地說：「不會，因為我後來讀了電機之後，愈鑽研愈覺得有趣。」

擺盪在不同學科之間，劉峻誠十分得心應手，他說：「我有兩個很顯著的特質，一個是學東西很快，第二是創造力很強。」他就像是科技界的達文西，左手拿畫筆，右手做實驗，源自於對世界充滿強烈的好奇心，他從來不畏懼嘗試解決別人眼中的難題，並且在熱忱與專注的自我驅動力之下，總是能創造出優異的成績。

表面上劉峻誠的求學過程順風順

水，在拿到博士學位畢業之前，還拿過ＩＢＭ競賽獎，以及兩個國際級期刊最佳論文獎的提名。但對劉峻誠來說，在美國的求學過程，卻是人生中遭遇最多挑戰的艱難時期。

博士生時期跟過五位教授，苦讀練就一身功力

一般來說，大部分的博士生都是深入鑽研某個細分領域，劉峻誠在這段期間卻先後跟過五位不同的教授。「其實我是被生活所逼，」劉峻誠無奈地說，因為當時景氣差，獎學金大幅縮水，姊姊與弟弟也同時出國深造，為了減輕父母的經濟重擔，劉峻誠只能瞄準各個有經費的研究室，爭取助教資格。

「每個老師的研究領域都不一樣，沒學過怎麼辦？就是趁寒暑假買教科書來狂Ｋ，用很短的時間把這些書讀懂，」劉峻誠說，這聽起來很瘋狂，但是為了活下去，他強迫自己發揮百分之兩百的潛能，就像一人籃球隊似的，同時打前鋒、中鋒、後衛。儘管辛苦，卻也為他奠定了從軟體到硬體、從上游到終端的扎實知識基礎。

拿到博士學位後，原以為就能進入大公司、拿高薪，邁向人生勝利之路，「沒想到碰到全球金融海嘯，面試了三十多家公司都找不到工作！」當時劉峻誠已經準備回台灣，所幸在朋友介紹之下，進入諾基亞的外包公司。

劉峻誠說：「那是一家小公司，什麼都要做，薪水又低。」幸好，是金子總是會發光，隨著景氣逐漸復甦，劉峻誠先後歷練過無線通訊軟體、軟硬整合系統、3.5G手機開發、觸控面板晶片等不同業務，每個工作都做得很成功，拿下多項專利，也發表了許多論文。

回首自己的博士生生涯，畢業後又經歷過美商、韓商、台商等不同文化的洗禮，做過的業務橫跨各領域，劉峻誠有感而發地說：「我一直在打破不同的框架，雖然過程很辛苦，但是每打破一次，自己就成長一次。」

看對AI趨勢，卻不被當時市場接受

二〇一五年，劉峻誠離開高通，與幾個好朋友共同創辦耐能智慧。生活好不容易穩定下來，為什麼又要開啟另一個動蕩的新世界？劉峻誠說：「因為在高

① 劉峻誠與耐能智慧研發團隊
② 耐能智慧的員工打卡系統，運用了人臉辨識功能

與志同道合的夥伴一起創業與工作，是劉峻誠最大的快樂

通，我永遠只是一顆小螺絲釘。」

儘管生活安逸，又擁有令人稱羨的薪資與社會地位，劉峻誠心中卻始終有一簇想要改變世界的火苗。

因為曾任職高通多媒體研發中心，劉峻誠接觸到深度學習神經網路終端運用、3D人臉辨識技術，視野變得更加寬闊，血液中好奇與創造的因子也開始蠢蠢欲動。

「既然超級電腦可以全面模擬人腦的思維，那我們能不能將它縮小到終端，讓AI也進入日常生活中？」愛看電影的劉峻誠用《魔鬼終結者》與《駭客任務》來譬喻，科幻電影中常出現超級電腦最終出現獨立意志、取代人類的情節，但是劉峻誠認為，人與AI的關係不應該只有對立，AI所蒐集到的數據不會回傳集中在雲端的中央系統，而是直接在終端AI設備上傳用，無須存著AI將掌握人類所有祕密的疑慮。

AI與人之間的關係，應該就像大雄與哆拉A夢一樣，彼此能夠建立起信任的關係，幫助人們的生活變得更便利。

二〇一三至二〇一四年，人工智慧的概念不像如今這樣普遍，終端AI的想法更是冷門，當時劉峻誠在高通內部的提案總是被忽視，往外尋求投資也四處碰壁，甚至很多人建議他乾脆改做當時最流行的AR／VR。

即使心中有夢，這些挫折與冷眼卻一度讓劉峻誠對創業止步不前，但最終仍在二〇一五年創業，可說是一種命運的安排。

收留無家可歸的朋友，為義氣而創業

談起創業，劉峻誠苦笑說：「當時有個前輩說找到一筆錢要創業，請我推薦適合的人才，有個朋友立刻從韓國三星離職來美國，卻沒想到說好的資金一直沒到位。」

但是，朋友已經辭職，怎麼辦？重義氣的劉峻誠收留了無家可歸的朋友，還將每個月的薪水分一半給他，就這樣撐了半年，劉峻誠說：「後來想想這也不是辦法，就把工作辭了，幾個朋友將錢湊一湊，準備創業。」

回顧剛創業的那幾年，箇中辛苦實在難以三言兩語說清。劉峻誠表示，創業要成功，必須兼具天時、地利、人和，當年他們在AI領域的步伐邁得太快，在賣出產品之前，往往要先花很多時間教育客戶、打開市場。

遭夥伴誤解，公司差點瀕臨倒閉

為了爭取訂單，二〇一六年劉峻誠前往中國，在合作夥伴騰訊的介紹之下，參與了創業實境秀「我是創始人」。他說：「本來以為很快就會被淘汰，沒想到一路過關斬將，最後拍了兩個多月。」

參與節目原是為了增加公司知名度、建立中國人脈網，「沒想到反而引發公司創始以來最大的危機，差點就倒閉了，」劉峻誠說，因為長期不在美國辦公

②

①

① 劉峻誠擅長音樂與繪畫，圖為他的繪畫作品
② 在產品發表會上介紹公司產品與服務

室，他與團隊的溝通決策出現很大的落差。結束拍攝工作的劉峻誠在二〇一六年十二月回到美國，卻發現公司只剩下兩個人來上班。

「後來我一個個打電話，把大家找回公司，讓大家把我罵了一頓，」在激烈的溝通之後，劉峻誠才意識到：夥伴們以為他迷失在浮華的鎂光燈下，「大家說，你不是工程師嗎？怎麼變成藝人，整天跟著名人吃喝玩樂？」

回憶起這段經歷，劉峻誠有些傷心，當時他常常要配合拍攝到凌晨三、四點，身體根本吃不消，回到美國又遭遇公司分崩離析的困境。劉峻誠說：「我整整一個禮拜無法入睡，一直在想：自己到底做錯了什麼？為什麼以前公司什麼都沒有，大家反而很有凝聚力，現在卻亂成這樣？」

從滿懷熱情到經歷巨大幻滅的過程，劉峻誠才深刻體會到，創業並不只有夢幻的追尋理想，還有殘酷的商場殺戮、夥伴的背叛。當時團隊散了、資金即將燒光，「公司快倒時，有家知名公司給我們一億八千萬美元的估值。但投資額是一千五百萬美元，」劉峻誠本想變賣資產度過危機，但在關鍵時刻，台灣晨星半導體創辦人楊偉毅伸出援手，透過名下基金會借了三百五十萬美元給他，讓公司暫時撐下去。

背水一戰，十五人團隊拚出大訂單

儘管資金壓力暫時紓解，但還遠遠不夠。「我在參與節目拍攝時，認識了搜狗CEO王小川以及格力電器CEO董明珠，便去求助，請他們給我機會，」因為被劉峻誠的熱忱感動，董明珠說：「我們要開發一個新產品，如果你能立刻過來，證明你們的技術比較好，我就給你單。」

想對台灣及年輕人說的話

台灣有很好的半導體及製造優勢，AI領域會是未來的一個大機會，很希望台灣人能找回上一代「一卡皮箱闖世界」的衝勁，抓出這波機會。

大病初癒的劉峻誠坐著輪椅，帶著願意回來的八位同事義無反顧地飛去珠海。「那時才發現，其實對方已經有合作廠商，而且方案已經進行半年，我們要在很短的時間內提出更好的方案，才有勝算，」劉峻誠說。

爭取訂單的過程中，劉峻誠還遭到格力員工的刻意刁難，當時有朋友建議送些禮物，與格力員工打好關係，劉峻誠就傻傻地買了很多鳳梨酥和太陽餅，還被對方譏笑是「鳳梨酥公司」。

在四面楚歌的狀況下，劉峻誠只好打電話向台灣的朋友求援，有人立刻辭掉聯發科的工作過來幫他，形成一個不到十五人的團隊，每天都在工廠挑燈夜戰，「不只格力，其實連我們團隊自己都覺得不可能，」但是劉峻誠沒有放棄，反而鼓舞團隊說：「反正沒什麼好失去的，不如盡力拚一把！」

憑著這股不肯放棄的傻勁，劉峻誠的團隊果然在三十天內開發出效能更好、更省電的晶片，成功拿下格力的訂單，打響了在業界成功的第一仗。之後，不只陸續爭取到搜狗、百度、高通等大客戶，二〇一七年底也獲得融資，公司發展愈來愈平穩順遂。

劉峻誠說：「過去我看不懂財報，也不會賣東西，更不知道原來跟客戶應對要懂得甜言蜜語、送小禮物，但是這些痛苦、挑戰跟折磨，其實都是逼著你快速成長的養分。」問他現在學會送貴重禮物討好客戶了嗎？他笑道：「沒有，還是送鳳梨酥！」

在劉峻誠爽朗笑聲的背後，是堅毅不屈的決心與志氣，也是他在創業過程中學到最寶貴的一課。

創業別怕失敗，跌倒要比別人快爬起

雖然耐能智慧目前不缺資金，但公司還是與其他人合租辦公室，身為CEO的劉峻誠到紐約出差時，也還是住一晚不到一百美元的旅店。

對劉峻誠來說，創業最快樂的不是賺到很多錢，而是可以把從高中、大學的同學，或是在晨星、高通的好朋友們，通通聚集在一起，「白天大家一起奮鬥，下班之後一起喝喝啤酒，在旁邊的球場打球，」這種簡單樸實的生活，讓劉峻誠由衷感到快樂與踏實。

對於未來有志創業的年輕人，劉峻誠真誠地提醒，永遠不要忘記最初踏出舒適圈的那股熱情，他說：「這幾年公司歷經了幾次倒閉危機，也有很多誘惑，最後你會發現：最正確的道路，往往是最簡單也最踏實的選擇。」

創業過程中，劉峻誠跌過很多次跤，「所以過去我不鼓勵年輕人創業，」但走到如今，他的想法開始鬆動，劉峻誠說：「我常去演講，也在大學裡當過客座教授，發現現在的年輕人很悶，對未來沒有希望。」

科技的變動、產業的洗牌、居高不下的房價、停滯的薪資……，種種現況，讓台灣年輕人耽溺於眼前的小確幸，劉峻誠希望能透過耐能智慧的例子，激勵更多年輕人付出努力，改變自己的未來。

「不要害怕犯錯，不要害怕失敗，未來大家比的是誰跌得快、爬得快，」劉峻誠想要鼓舞更多人找回對世界的熱情，進而採取行動，因為只要勇敢跨出第一步，就是改變的起點。（文／王維玲）

勿忘初心。

劉峻誠 |簡歷|

- 成功大學電機工程學士（2003年）、加州大學洛杉磯分校電子工程學博士（2008年）。
- 創辦耐能智慧（2015年）。
- 獲阿里巴巴創業者基金、紅杉資本、高通、Himax、中華開發，以及李嘉誠旗下維港投資等知名創投投資。
- 獲矽谷知名評鑑機構CB Inghts評選Edge Ai Game Changer全球三十六家值得關注的引領行業技術（2018年）。
- 被半導體界知名全球權威雜誌*EE times* 評選為Silicon 60（2018年）。
- 獲選為「台灣十家最酷科技新創」（2019年）。

02

貢獻所學

在專業領域**發揮影響力**

確立一生的目標與方向之後，
他們踏著穩健腳步，持續在專業領域深耕精進，
並懷抱曾被前輩提攜的感謝心情，為年輕學子開疆闢土
如同接力般，讓台灣人的智慧在世界舞台上，永不缺席

連文慧　比利時法語區魯汶大學醫學院副教授暨國家科學基金會永久研究員

隨時準備抓住機會 窮學生變身生醫博士

從台灣到西雅圖，再從紐約到比利時，
超過一萬五千公里的距離，歷經十多年的時間，
交織成連文慧精采豐富的研究生涯。
謙虛的她覺得自己很幸運，總會在人生轉彎處遇見貴人，
但其實這些成就，
都是她克服難關所換來的甜美果實。

「家境不能決定命運，只要努力就有機會翻轉，」連文慧如此總結自己的人生上半場。來自新北市新店的她，大學時期便負笈南下，到高雄醫學大學就讀生物系。因為家裡無法給予無虞的經濟支援，連文慧得利用寒暑假在泡沫紅茶店、麵店打工，賺取學費。

因為家境之故，連文慧從沒想過到國外留學，後來卻意外在國外落地生根，至今已經過了十七個年頭。

連文慧回憶：「我跟許多出國念書的學生不一樣，不是因為家裡有足夠資源，能供應出國留學的費用。即使在台灣讀書，我都必須靠打工及助學貸款才能念書，幾百元過一個禮拜的情況是常有的事。直到遇見一位朋友的父母，很看重我，願意出資借款，鼓勵前往美國求學，才能有出國闖盪的機會。」

「我的人生遇到很多貴人，」連文慧很感謝一路上幫助過她的人，不管是大學、研究所的指導老師，或是資助她去美國的長輩，在美國擔任研究助理時的主管，甚至是博士班及博士後研究的教授，都在她的國外求學途中，扮演著支持與鼓勵的角色。

就讀高雄醫學大學生物系二年級時，連文慧開始對生物科技研究產生興趣，進入當時系上副教授游仲逸的實驗室進行基礎研究後，更啟發她對研究的熱情。

獲長輩資助，一圓海外深造夢想

大學時期，連文慧就申請國科會（現為科技部）的大專學生研究計畫，並且獲得大專生研究計畫創作獎；高醫大畢業後，便前往成大醫學院分子醫學研究所進修，在吳梨華教授的實驗室打下了穩固的研究基礎。連文慧的指導老師們都告訴她，一定要出國看看，不過因為經濟考量，當時連文慧只想在國內進修，直到長輩支持，才實現了出國深造的夢想。

連文慧美國行的首站是西雅圖，她說：「考慮到西雅圖位於美西北部，相較於加州其他城市，華人較少，所以決定在那裡展開國外求學生活。」她先讀社區大學、當研究助理，學習融入當地環境。當時還年輕的連文慧，只覺得美國「好山好水好無聊」，各方面都沒有台灣來得方便。

與許多留學生一樣，連文慧到美國首遇最大障礙便是語言，一開始她只跟華人相處，第二年開始工作後，因為主管都是美國人，才勤練英文；至於英語真正變好、融入當地文化，則是第三年念博士班後。

深受主管賞識，開啟研究之路

連文慧擔任研究助理期間，因為表現出色，而被當時的主管——福瑞德．哈金森癌症研究中心（Fred Hutchinson Cancer Research Center）實驗室主持人伊斯曼（Robert Eisenman）賞識而聘用，伊斯曼也是她生命中另一位重要的貴人。

伊斯曼覺得連文慧很有天分，一直鼓勵她繼續攻讀博士，後來連文慧有意申請美國華盛頓大學分子細胞生物學研究所，卻擔心托福成績未達標準，伊斯曼教授還特別打電話詢問並推薦，最後連文慧順利被錄取，至此開啟了研究之路。

就讀博士班時，連文慧的指導教授是年輕的俄羅斯裔教授蔚素津（Valeri Vasioukhin），因為認可連文慧的研究潛質，所以帶領她一起投入專題研究，並在國際知名期刊《科學》（*Science*）上發表研究成果。

連文慧博士生四年期間，總共發表五篇第一作者的論文，之後陸續發表三篇

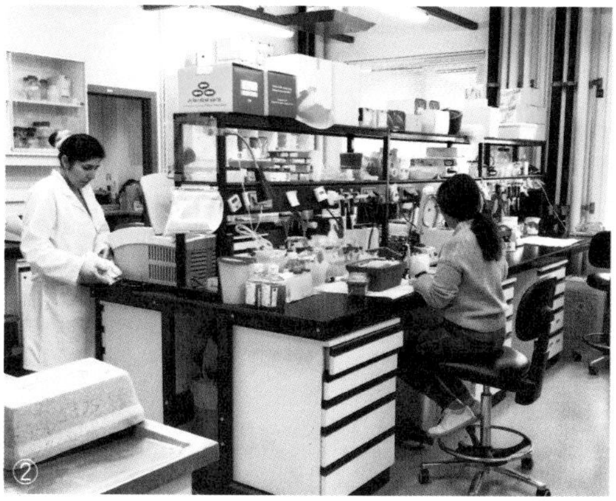

① 連文慧目前服務於迪杜夫研究中心
② 迪杜夫研究中心提供連文慧成立獨立實驗室

共同作者的論文，優異的研究成果，讓她在分子細胞生物研究領域中逐漸占有一席之地。

之後，連文慧前往洛克斐勒大學細胞生物學家富克斯（Elaine Fuchs）的實驗室擔任博士後研究員，進行皮膚幹細胞研究。富克斯是一位知名學者，主持將近四十人的超大實驗室，團隊成員來自世界各國。

這段期間，連文慧一方面學習富克斯的格局及管理思維，一方面也強化自己在教學、合作研究的歷練，並建立廣泛的國際人脈網絡，奠定日後獨立主持研究室的基礎。

① 連文慧在俄羅斯裔教授蔚素津（右一）實驗室時與夥伴們合影

② 福瑞德 · 哈金森癌症研究中心實驗室主持人伊斯曼（右三）是她生命中的貴人

③ 連文慧曾在洛克斐勒大學細胞生物學家富克斯（右前二）實驗室擔任博士後研究員

在美國待了十一年之後，在朋友引薦及成功面試之後，比利時魯汶大學醫學院的迪杜夫研究中心（de Duve Institute）提供連文慧一個成立獨立實驗室的機會。由於比利時是少數在研究領域上仍有永久職位的國家，她毅然決定轉換環境，前往一個全然陌生的國度。

初來乍到比利時，連文慧再度遇到語言障礙。由於當地以法語為主，e-mail及文件往來都使用法文，使她相當困擾。還好同事幫忙，學校也安排資深同事協助處理工作上的疑難雜症，經過一年摸索期後，便逐漸步上軌道。

至此，連文慧終於能專注在幹細胞與癌症的研究，以皮膚做為主要研究組織，探討細胞訊息傳導對幹細胞及癌症細胞的影響。如今，她的實驗室已有一位博士後研究員、三個博士生及一位研究助理，分別來自五個不同國家，共同為醫學研究付出與貢獻。

七萬救命錢換一個機會，人生大逆轉

「從別人眼中看來，我的工作生涯看似順遂，但實際上是需要相當的努力，」

連文慧說。她記得剛到美國時，跟很多台灣學生一樣缺乏自信，「但是，我向來相信勤能補拙，願意比別人花更多的時間學習。」

即使如此樂觀，也不免遇上低潮。連文慧坦言，第一年到美國時，曾申請兩、三間學校博士班都石沉大海，當時經濟壓力大、又年輕，缺乏人脈，因此感到十分挫折。

由於不想再跟長輩借錢，抱著賭最後一把的信念，連文慧跑去應徵研究助理，「當時我心想，如果再沒有實驗室主持人雇用我，乾脆離開美國回台灣，」連文慧笑著說。

當時，連文慧盤纏用盡，只能把大學時當家教、領獎學金及大專生研究計畫補助費用存下來的台幣七萬元，請家人換成美元寄給她。連文慧說：「我心裡想：用七萬元買一個機會，成功與否都不後悔。所幸，主管給了我工作機會，也成為人生中重要的轉捩點。」

連文慧分享，人生難免遭遇困境與關鍵抉擇，不要害怕、勇敢面對、努力克服，「但是也必須給自己設定一個停損點，不要死心眼，要懂得彈性調整，換另

① 2016年連文慧與研究團隊合影
② 2019年與現在的研究團隊合影

一條路試試看，或者學會放手，讓自己全身而退，」連文慧說。

「當機會來敲門時，你準備好了嗎？」連文慧一直把這段話當成座右銘。「我相信謙虛是美德，但如果用錯地方反而會錯失機會。」她覺得台灣學生普遍缺乏信心，「但還是要多多摸索，累積出經驗及成果之後，就會增加信心，相信自己一定可以做得到。」

摸索累積經驗成果，愈來愈有自信

以自身為例，連文慧因高中時就對生物很有興趣，所以大學選擇生物系就讀，但生物範圍包山包海，直到選修生

想對台灣及年輕人說的話

台灣，妳是有包容力的母親，謝謝妳滋養我，給我走出去看看世界的勇氣！

物科技，她才發現自己對分子技術主題特別感興趣，便鼓起勇氣去找教授，進入實驗室開始學習。

連文慧說：「起初我什麼都聽不懂，但可能因為有點潛質，實驗也慢慢累積成果，有了成就感之後，就會繼續投入。」她回憶說：「出國後也是如此，從研究助理、博士班、博士後研究員，一路走來慢慢做出成績，也逐漸摸索出自己的能力所在。」

連文慧在申請博士班時遇到不少挫折，「申請美國博士班並不容易，因為要跟全世界的優秀學生競爭。」因此，她建議有意申請博士班的年輕人，不妨先私下寫e-mail給實驗室主持人，看看有無可能先過去拜訪，「如果實驗室主持人認識你，知道你的溝通能力不錯，也了解學習背景，錄取機會相對提高。」

此外，連文慧也分享碩士班指導教授吳梨華告訴她的經驗：「選擇博士班的指導教授，最好找剛建立實驗室的新教授，因為年輕、有衝勁，願意跟研究員並肩作戰；但如果要找博士後研究的實驗室，則要選擇學術界享譽盛名的實驗室，因為資深、有地位的教授有助於幫你建立獨立思考的學習力，並累積人脈，同時找到下個階段的工作。」

年輕人應出國見識，別怕語言能力不足

「出國是很好的磨練，」連文慧建議年輕人如果條件允許，應該多出去看看，藉此培養英語能力與國際觀。很多台灣學生或許會擔心語言能力不足，但其實只要具備基本的英文溝通能力即可，其他可在當地學習補強。連文慧說：「重要的是要勇於跟別人溝通，並虛心接受糾正，而且要多與外國人交朋友，學習在地人的口音、文化，這樣一來一定會進步很快。」此外，在台灣多接觸來自外國的學生，或透過網路資訊擴展國際觀，也是不錯的方式。

連文慧同時提醒：「努力是必備的，但努力不一定會得到相對應的成果，重要的是擁有不怕失敗的勇氣與堅定的決心，並且及時掌握住機會。」此外，不要因為出身不好就妄自菲薄，或者際遇欠佳而自怨自艾，只要隨時充實自己，培養足夠的自信心、語言能力，擁有開放心胸及堅定勇氣，連文慧說：「因為我們永遠不知道，機會何時會來敲門。」（文／沈勤譽）

當機會來敲門時，你準備好了嗎？

連文慧 | 簡歷 |

- 成功大學分子醫學碩士（2002年）、美國華盛頓大學（University of Washington）分子細胞生物學博士（2008年）。
- 美國福瑞德·哈金森癌症研究中心（Fred Hutchinson Cancer Research Center）博士研究生（2004～2008年）。
- 獲美國Harold M. Weintraub博士生研究特別獎（2009年）。
- 美國洛克斐勒大學（Rockefeller University）博士後研究（2009～2013年）。
- 比利時法語區魯汶大學（Université catholique de Louvain）醫學院助理教授（2013～2016年）。
- 比利時法語區魯汶大學醫學院副教授、比利時法語區國家科學基金會（Fonds de la Recherche Scientifique; FNRS）永久研究員（2016年迄今）。
- 獲成功大學醫學院校友傑出成就獎（2017年）。

高子翔　歐洲台灣生技協會會長

勇闖生技界
打造跨國人才庫

高子翔，土生土長的台灣囝仔，
原本念機械工程，大膽跨界赴美攻讀生醫博士。
跨領域的專業與開放學習的心胸，
讓他累積豐富的海外工作經驗，
工作足跡遍及美、歐、亞洲，
更是瑞士第一個成立生技醫療專業協會的台灣人。

二〇一九年十一月，瑞士第三大城市巴塞爾舉辦「歐洲台灣生技協會」（Europe-Taiwan Biotech Association, ETBA）瑞士台灣醫材領導人論壇，這是該協會首場規模最大的B2B（企業對企業）論壇，共邀請到六十幾位台灣與歐洲生技及醫療器材的代表參加，規模甚至超過許多歐洲當地商業協會舉辦的企業論壇，由於參與熱烈超過預期，就連台灣駐外辦事處，也主動向協會提出未來聯合舉辦研討會的計畫。

事實上，瑞士雖是僅有八百萬人口的小國，卻擁有全球最大的製藥企業，可說是全球製藥重鎮。但台灣企業對瑞士卻相當陌生。

二〇一七年高子翔創辦歐洲台灣生技協會之後，不但讓過去分散在歐洲各地的台灣生技人才逐漸凝聚團結，更自發性地提出協助意願，讓更多歐洲業者認識台灣，甚至推廣歐洲生醫參訪團來台參訪。

此外，協會也為台灣留學生提供加入瑞士職場、介紹當地生技工作前景之豐富資訊，更在台北、德國、瑞士等地，舉辦十幾場生技專業交流會，從製藥與生物技術智財權布局，到醫療器材產業現況，扮演台灣生技與瑞士製藥產業的連

① 高子翔就讀師大附中時期，是學校的田徑隊隊員
② 代表成功大學參加全國大專盃田徑賽

結，驅使超過數百位歐洲與台灣專業人士，齊聚一堂，相互溝通及交流。

高子翔之所以自發性成立歐洲台灣生技協會，是因為多年前一度想創業，卻因欠缺人脈資源而沒有成功，他深知台灣人在歐洲工作及創業之路的困難，因此希望透過如今在生技圈所累積的豐厚人脈資源，回饋幫助更多想跨入生技產業的台灣人。

懷抱造福病人理想，辭去台積電工作

在海外工作十一年的高子翔，曾經是一名台積電工程師，身穿無塵衣，成日待在晶圓廠內工作。不過，歷經短短一個多月，就因為美國學校的錄取信，讓他毅然決然負笈美國念書。

① 在美國凱斯西儲大學參與台灣壘球隊
② 2009 年高子翔博士班畢業，與家人和指導教授合照

六十六年次的高子翔，在台灣土生土長，從國小一路念到師大附中畢業，才離開台北到成功大學機械工程系就學，這是他第一次離家到外地念書。大學畢業後，便繼續攻讀成大機械工程研究所。

但是，在成大念書的六年，高子翔並不清楚未來要做什麼，對理工系的未來出路理解不深。選擇機械工程科系時，只是單純認為機械系未來可以設計出為生活帶來便利的實用成品，便研讀了數學、機構相關知識；到了研究所，機械工程分為流體力學及機構設計兩組別，高子翔想要自己設計東西，因此選擇機構設計組。

碩士畢業後，高子翔前往馬祖當兵，利用

軍中生活空檔，他大量閱讀書籍，思考未來人生方向，這才發現：與發展成熟的機械工程領域相比，生物醫學不但有趣，未來探索的空間相對更大，一旦有所突破，不僅研究成就大，也能為病人帶來福祉。

然而，對機械工程背景的人來說，跨領域到純生物領域談何容易？因此，高子翔選擇介於機械工程與生物醫學領域中的「生醫工程」，做為探索方向，希望用工程技術解決生醫問題。因此，一退伍，高子翔立刻向九家國際頂尖生醫工程系所申請學校。

等候通知的過程中，高子翔曾短暫任職於台積電，所幸很快就接獲美國凱斯西儲大學（Case Western Reserve University）的錄取通知，便毫不猶豫向主管辭職，準備飛往美國迎接全新的學習體驗。

創業夢因未獲資金作罷，先往業界蹲馬步

生醫工程本身就是一門跨領域科系，學生不僅要念生物醫學及數學科學，也必須讀工程科學，雖然涵蓋面廣，「但是，生醫工程卻是理工人才，能迅速切入

① 2019年在瑞士巴塞爾舉辦的瑞士台灣醫材領導人論壇
② 透過舉辦論壇，可以讓不同領域的專業人士互相交流

生物醫學的入門領域，」高子翔說。

為了打開視野，在校期間，高子翔積極參與論壇，了解到神經工程可以改善帕金森氏症，幹細胞可以孵化無法再生的生物組織等理論，更堅定選對了生涯方向。分組時，高子翔選定「分析化學」為攻讀領域，主要從事生物感測（biosensor）研究。

剛好高子翔的指導教授是電化學知名專家，他們一起合作研發能在微量液體裡測試特定病原蛋白質濃度的感測工具，希望藉此提早診斷疾病，提供精準醫療或是疾病預防。

過去，病人要檢驗疾病，必須到醫

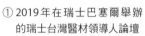

院進行各項精密檢測，或抽取一管血液做各種篩選測驗；高子翔跟教授合作的研究則能突破門檻，用指尖一滴血即可做隨身儀器檢測，以判斷身體狀況，若產品問世，可望讓更多人提早發現疾病、提早治療。

因為這項技術，高子翔與教授共同申請專利，並在取得博士學位後有了創業念頭，卻因為欠缺經驗，初期資金募集並不順利，最後只能放棄創業夢，先以就業的方式持續在生醫領域學習及貢獻所長。

事實上，高子翔的創業夢並未熄滅。結束學業後，高子翔暫時加入新加坡A*Star微電子研究所，在生物電子晶片團隊擔任資深研究工程師。在A*Star兩年半期間，他發現：相較於支持商業化組織，A*Star更重視學術研究，由於與自己的理想相悖離，因此，高子翔選擇離開，轉往生醫實驗器材商德商QIAGEN新加坡分公司，擔任亞洲區儀器技術研發經理。

一個契機調職瑞士，接觸更多生技專家

在QIAGEN工作期間，高子翔負責擔任總部跟亞洲代工工廠間量產技術的溝

通橋梁，由於公司總部位於瑞士，他必須多次往返歐亞間，不僅學會更多產品研發專業知識，也協助工廠解決臨時狀況，不到三年半，工廠良率大幅提升。

就在亞洲工廠生產上軌道的同時，高子翔的德籍長官詢問他前往美國或歐洲工作的意願。幾經思考，因為對歐洲文化有興趣，加上在總部可以接觸更多生化及儀器軟體專家，因此高子翔決定轉赴瑞士工作，並於二〇一七年因緣際會轉換跑道，進入諾華藥廠的瑞士總部任職（Novartis Pharma AG），參與送藥裝置開發專案，負責建立並領導諾華的系統工程部門。

回想一路海外工作經驗累積，高子翔最感念的，莫過於最初願意收他的俄國籍老師Dmitri Kourennyi，以及博士班指導教授Miklós Gratzl，兩位師長可說是引領他從機械工程領域轉往生醫工程的關鍵人物，是人生中最大的貴人。

高子翔說：「若非老師提攜，我無法跨入生醫工程領域發展；此外，QIAGEN德籍主管Helge Hoffmann的賞識，也促使我職涯轉變，成為集團首位從亞洲分公司調任瑞士總部的華人，開啟了旅瑞生活。」

經歷歐亞美文化洗禮，高子翔觀察到：德商十分重視人才，會投資員工兩、

想對台灣及年輕人說的話

台灣一定要國際化，不能停留在經濟起飛那段時間的老舊思想。

三年時間，讓人才逐漸上手；即使專案結束，仍會安排其他任務，給予豐富的累積經驗機會。

擔任工程師與生醫人員間的溝通橋梁

回顧過去求學歷程，高子翔坦言，一開始從純機械工程跨入生物醫學，有非常大的知識挑戰。「前幾年真的很吃力，但不懂就問，」高子翔分享，儘管對生物化學課程不在行，但數學跟訊號分析課程很快便上手，雖然還有語言門檻，只要願意多花時間苦讀，有疑問詢問同學，依然可以把不足的專業逐漸補強。

高子翔建議有意前往海外求學的學子們，在選擇科系上，應該思考如何跨領域學習，並挑選對未來職涯有幫助的科系，先苦才能後甘。尤其是理工背景的學生，若想進修生醫知識，肯定需要花加倍時間研習，但付出就能帶來新經驗。

在美念書期間，高子翔也觀察到，班上同學有的是工程背景，讀生物學就很吃力；有的念物理化學，便要一次學習生物跟工程兩種新知識；也有念分子生物領域的同學，他們讀生醫駕輕就熟，卻對數學十分陌生。

「也就是說，跨領域學習，不同背景的學生各有強項，同學間可以互相指導，這樣的學風反而對學習很有幫助，」高子翔說。而這樣的跨領域經驗，也為高子翔後續的職場生涯帶來極大幫助。

譬如，在一個團隊裡，工程師與生醫人員說著不同的專業術語，要完全理解對方的觀點並不容易，工程師可能會覺得某種技術很酷，但太過先進，並不能解決醫療人員眼下的問題。

遇到類似這種發生在不同領域同事之間的誤解，高子翔就時常扮演「翻譯者」的角色，運用生醫專業知識讓醫生們了解，工程師想用什麼方式來解決生物醫學方面的痛點，或是用理工語言告訴工程師，這群生醫人員到底想測量什麼？期望得到什麼？

年輕人一定要有跨文化交流能力

此外，曾經拿著專利創業失敗的高子翔，累積多年工作經驗後，也終於明白：若無實務經驗，難以預見創業及技術商業化這條路上，將會面臨什麼樣的困難及挑戰。

譬如：當年就讀博士班的高子翔想像，未來每個家庭都會需要一台「機器醫生」，只要用唾液或指尖採血，就能判斷疾病。但經過與醫護人員互動、了解醫院運作後，他才發現任何疾病的確認，最終還是要醫院診斷才算數。家庭檢驗器只能進行初步篩檢，保險並不支付，所以售價不能太貴，否則市場不會買單。

從創業跌跤到創辦歐洲台灣生技協會，高子翔轉化十一年來累積的生醫工程實務經驗，期望連結歐洲生醫人脈資源，幫助更多台灣學生及創業者，台商避免到歐洲做生意時，因文化及理解不足而錯失良機，藉由協會加速鏈結學校、政府等資源，更快打入歐洲生技圈，並快速與當地企業建立互助互信的良好關係。

此外，高子翔也有更長遠的目標，那就是幫助更多台灣人到歐洲交流，也讓歐洲人更理解台灣。透過具有跨文化背景和國際工作經驗的人才，驅動台灣產業競爭力，讓世界看見台灣。（文／王珍翔）

Dream big.
Start small.
Act Now!

高子翔 | 簡歷 |

- 成功大學機械工程碩士（2003年）、美國凱斯西儲大學生醫工程博士（2009年）。
- 獲全國機構與機器設計學術研討會「最佳論文獎」（2002年）。
- 美國俄亥俄州克利夫蘭頒發十大最佳創業競賽獎（2007年）。
- 新加坡A*Star生醫光電部門計畫主持人（2009～2011年）。
- 德商QIAGEN亞洲區儀器技術研發經理（2011～2017年）。
- 成立歐洲台灣生技協會（2017年）。
- 瑞商Novartis醫療器材部門首席系統工程師（2017年迄今）。

高國興　成功大學電機工程學系副教授

準軍官轉行當教授
連結台灣與世界

一個成天惹事的眷村窮孩子，帶著脫貧夢想進入軍校，
卻在掛階成為軍官前夕，毅然選擇退學，
放棄鐵飯碗，還背負近兩百萬的賠款；
因為他發現：學術研究才是生命熱情所在。
高國興的故事固然勵志，
但「擇你所愛，愛你所擇」，才是值得年輕人學習的不凡之處。

剛開完系務會議，成功大學電機工程學系副教授高國興踏著大步迎面而來，只見他頂著平頭，一身輕鬆休閒的穿著，笑起來極具爽朗的少年感，與研究生們站在一起，一時之間竟令人分不清楚誰是教授、誰是學生。

在親切外表下，高國興的學術成就也不容小覷。二〇〇八年，他進入比利時魯汶大學歐洲跨校際微電子研究中心（ＩＭＥＣ）攻讀博士，這是全球最大的獨立微電子研發機構，更是台積電、三星、英特爾背後最重要的腦袋。

完成博士學位後，高國興馬上就拿到成功大學教職，成為當時電機系最年輕的助理教授。高國興專攻奈米電子元件的量子傳輸模擬與設計，也致力於開發新穎半導體電子元件。

豐沛的學術能量，讓他在五年間發表了十篇論文，四年內就順利升等為副教授，期間更是獲獎無數，包含台灣國家實驗研究院傑出科技貢獻獎、台灣半導體產業協會ＴＳＩＡ半導體獎，以及二〇一九年的吳大猷先生紀念獎，一舉踏上學術界年輕學者最高榮譽殿堂。

但是比高國興亮眼成就更令人印象深刻的，是他戲劇化的人生。

從小父母離異，由爺爺一手帶大的高國興是眷村出名的「野孩子」，一天到晚帶著一幫孩子鬧事、打架，讓家人頭痛不已。難以管教加上家境貧困，高國興在小學畢業後就進入軍校，只要畢業，就可以領到六、七萬元薪俸。

從讀軍校起，懷抱出國深造夢想

小小年紀就進入軍校，當其他人晚上都因想家而哭泣的時候，高國興卻很快就適應全新的生活方式，在日常操練之外，學業成績也總能保持低空飛過的安全範圍。

「如果考不及格，可能會被禁假，我就不能去打撞球、打籃球了，」高國興笑著說，儘管自己不喜歡念書，但是對於數學和物理卻特別有興趣，因為只要理解，不用花太多時間也能保持水準，讓他對數理愈來愈有信心。

當時軍校的學生，還沒畢業就有薪水，考試也不難，所以幾乎沒人在念書。為了鼓勵學習風氣，長官們總是將「讀書讀得好，公費留學免煩惱」掛在嘴邊，不但可以拿國家資源攜家帶眷到國外深造，還可以國內外各領一份薪水，高國興

① 軍校的訓練讓高國興學習到紀律的可貴
② 2017 年與半導體獎推薦人陳一浸副總合照

笑著說：「我就是在這種美夢中長大的，一直想著未來要出國。」

話是這麼說，但這時候的高國興對未來仍有些懵懂，出國更像是一個遙遠的夢，不知何時才會實現。

軍校、大學兩邊跑

六年預校畢業後，高國興直升海軍官校，同時也考上中興大學土木系。

這是當時的特別規定，軍校生可以有兩個學籍，生活津貼照領，於是，高國興平日在中興大學上課，假日再回軍校受訓。

從封閉的軍校進入開放自由的大

學，高國興的心就像放飛的汽球一樣，再也飄不回來，每天忙著參加活動、加入籃球校隊，幾乎沒有時間念書，全憑著過去打下的底子應付考試。

一通電話改變命運

大一期末，考完新生的共通必修物理後，當時中興大學物理系副教授阮俊人發了一份回饋問卷給班上，其中有一題是：老師可以怎麼做，幫助大家把物理學得更好？

「當時我就直接寫，讓我轉到物理系，」寫下這句話之後，高國興就去上軍訓課，沒想到卻突然被一通電話找去，「老師一見到我就問，你是認真的嗎？」高國興給予肯定的回覆後，老師才告訴他，那天正好是轉系申請的最後一天。

半天之內，高國興就準備好申請資料，也順利通過面試，正式成為物理系學生。因為對物理領域有高度興趣，高國興的成績也突飛猛進，甚至動了想繼續攻讀碩士的念頭。

回顧這個戲劇化的過程，高國興有感而發地說：「人生真的有太多機緣巧合，若不是阮老師的一通電話，我不會想要轉系，未來走向可能也會完全不同。」

棄軍職投入學術，出國遇嚴師打好根基

大學畢業前夕，正值國防部公費留學預算縮減，加上比起當軍官，高國興更喜歡沉浸在學術研究的氛圍中，於是，他在北上掛階任官前毅然退學，選擇交通大學電子物理所，放棄穩定薪俸，換來一百七十萬賠款與充滿不確定的未來。

高國興回憶：「當時家人很反對，但我想得很清楚，畢業後如果沒有申請到獎學金，至少還可以留在交大念博士，或者去業界工作，償還賠款及照顧自己應該不成問題。」

因為目標清楚，所以高國興在見到指導教授趙天生的第一句話就是：「我以後想要出國，請老師幫忙。」衝著這句話，高國興被分配到一位非常嚴格的學長底下，每天除了上課，就是在實驗室，當其他同學在歡慶跨年時，高國興卻是在機台前默默按下實驗啟動鈕。

不分日夜的汗水與付出，讓高國興順利拿到英國劍橋大學及比利時魯汶大學

① 在長時間合作下，高國興也與IMEC 資深研究員培養出良好工作默契

② 高國興十分鼓勵學生前往海外求學，圖中三位都是他成大碩博士班畢業後前往比利時魯汶大學求學的學生

的博士班入學許可，他說：「IMEC給我的研究方向是新穎元件的模擬計算，我從來沒有接觸過，所以選擇去比利時。」從中也可以看出高國興喜愛挑戰未知領域的冒險精神。

在國際化的IMEC，可以聽到來自世界各地的英文口音，一開始高國興彷彿鴨子聽雷，花了一陣子才逐漸適應。語言問題好克服，最辛苦的，是在研究過程的摸索與嘗試。高國興說：「當時帶我的工程師Anne Verhlust非常嚴格，我是他手下第一個博士生，所以他可以說是用盡全力在訓練我。」

高國興舉例，當時他要用一個從未

學過的軟體跑出模擬結果，只能自己看著使用手冊一步步摸索，或是到處請教同事，甚至被要求反覆修改論文二十次以上，「一開始以為他在刁難我，」高國興說，但持續修正後，「我更知道自己該如何找研究方向，即使面對未知課題，也能找到解決方法。」

在IMEC的四年半生涯，高國興的治學更加嚴謹扎實，也學到了學術並不是只有埋頭苦幹，更要懂得行銷自己的成果。「如果你只有八十分，但你要讓別人認為你有一百分，IMEC甚至會找外面的專家來教我們簡報。」

因為這段訓練，讓高國興日後在申請研究計畫與經費時得以無往不利，他分析：「每個做研究的學者，都相信自己的研究成果很有價值，但如何傳達給外界，這是台灣教育較忽略的部分。」

成大電機系最年輕教授，教你有價值的失敗

拿到博士學位後，高國興一度想要留在比利時，但一張早在一年前就買好的機票，再度改變了他的人生軌道。

高國興回憶：「二〇一一年我就買好了二〇一二年十二月二十六號回台灣的機票，因為聖誕節後的機票比較便宜。」但在起飛前一個禮拜，高國興突然接到爺爺病危的消息。因為正逢聖誕假期，航空公司的電話打不進去，心急如焚的他直接殺到巴黎，在機場櫃檯等了一夜仍沒買到機票，只等來爺爺往生的消息。

「因為爺爺這件事，再加上岳母身體也不好，我們就決定回台灣，」在流浪博士現象已成常態的台灣，高國興很幸運地申請到成大電機系教職，成為當時系上最年輕的教師。

雖然在極度高壓、打罵的環境下成長，高國興的教學風格卻十分開明，他從不點名，考前也不吝於幫學生劃重點，「我認為每個人都應該為自己的人生負責，」比起直接給答案，高國興更喜歡引導學生自己去找尋方向。

「在學術世界中，你要如何定義成功？若是將成果運用在業界才叫成功，那期刊上百分之九十九的論文都可以丟掉了。」高國興常用自身案例來激勵學生，他的碩士論文證明某種絕緣層不適合用於半導體工業，而博士論文則是預測四族半導體不適合用於穿隧場效電晶體（tunnel FET）之中，高國興說：「成果不如

想對台灣及年輕人說的話

比利時和台灣都是小國，比利時甚至有一段時間沒有中央政府，也沒發生嚴重衝突；相較之下，台灣花了很多時間內耗，如果我們可以更團結，台灣競爭力不止於此。

預期是常有的事，但若能幫助後人更加了解這個課題，即使失敗也很有價值。」

對高國興而言，想要達成某種目的，存在著上百種可能性，即便最後假設全都錯誤，卻能讓人類對未知科學的探索更推進一步，「重要的是要有企圖心，不要怕設定高目標，但要用盡全力嘗試。」

想方設法找經費，就是要讓學生出國看看

在成大期間，高國興充分利用他在ＩＭＥＣ建立的人脈，持續送研究生到海外實習，其中四成經費來自海外單位，其餘經費則由高國興透過各種管道爭取。

高國興說：「其他國家都羨慕台灣有台積電、有竹科，電機系學生一畢業就能直接進入業界，生活無虞。」在此狀況下，出國深造通常不會是首選，「但想要保有國家競爭力，最前端的創新研究還是要有人去做，」因此，高國興努力推動學生走出舒適圈，就是希望讓他們看到豐富多樣的未知世界。

「錢的事我可以想辦法，但我也要求學生必須盡全力爭取，」高國興不吝於提供高額獎學金，但砍人也毫不手軟。在他的嚴格要求下，每位研究生都必須設定

目標，譬如：想出國的一定要考托福，而且每年成績都要進步百分之五。不必一開始就做到完美，但必須持續努力進步。

高國興自己也沒有停下腳步，「新技術持續發展，如果想要走得更遠，就要學習新技術。」於是，他在二〇一八年申請科技部「哥倫布計畫」，再度前往IMEC進修。

「把新的技術帶回台灣，同時把學生帶去IMEC，是我申請計畫的兩大主軸，」二〇一九年，高國興加入IMEC的量子電腦團隊，同時也要顧及教學工作，還得照顧家中幼兒，可說是蠟燭三頭燒，但他卻樂此不疲。

軍旅生涯教會高國興紀律，投身學術志業則帶給他永不停下腳步的動力。直到現在，高國興仍留著方便打理的平頭，降低對物質的欲望，每天五點就起床，在住家與研究室兩點一線間往來，數十年來如一日，卻始終不覺得枯燥，因為他早已找到一生熱情所在，並充分沉浸其中，成為終身職志與人生目標。（文／王維玲）

唯有熱情能讓自己走得長久，
唯有企圖心才能讓自己走得與
眾不同。

高國興 ｜簡歷｜

- 高雄鳳山中正預校（2001年）、海軍軍官學校（2005年）。
- 中興大學物理學士（2005年）、交通大學電子物理碩士（2008年）、比利時荷語魯汶大學電子博士（2013年）。
- 獲台灣國家實驗研究院傑出科技貢獻獎（2015年）、台灣半導體產業協會TSIA半導體獎（2017年）、科技部吳大猷先生紀念獎（2019年）。

熊樂昌　伊勒伯科技創辦人

打造預防醫學互聯網平台

精準預測健康風險

父親早逝、母親患病，
被迫在育幼院長大的熊樂昌，曾經是師長眼中的壞孩子。
但他並沒有被命運擊倒，一路往前，
拿到臺大博士，還前進以色列從事博士後研究。
期間，他化歧視為研究動力，帶回專業與資金，創業五年有成，
事業版圖橫跨歐、美、亞洲，讓全球都看見台灣的醫療實力。

想像一下，未來不用到醫院，在家就能完成無痛的血液採集，一小時內就拿到健康風險報告，進而提早預防；更重要的是：整個過程花費不到新台幣一千元。

顛覆現有的醫療想像，讓檢測無所不在，打造預防醫學的未來，正是伊勒伯科技（Winnoz）創辦人熊樂昌的夢想。

二〇一四年創立公司，至今短短五年多，伊勒伯的健康風險檢測裝置與物聯網（IoMT）平台已逐步完成布局。透過真空血液收集系統「Haiim」與全血PCR（聚合酶連鎖反應）可攜式基因檢測儀「eGGi」，節省人工採集血液成本，也讓檢測結果從十五小時縮短到一小時，堪稱預防醫學的重大突破。

領先全球的整合方案，讓伊勒伯成為醫療生技界的新星，不僅獲選為科技部新創之星（Tech Star），二〇一八年赴美參加全球消費性電子展（CES）時，還獲得國際科技大廠IBM Watson的目光，邀請熊樂昌至該公司進行技術交流，是當時台灣唯一受邀的生醫業者；而跨國製藥公司嬌生，也邀請伊勒伯進駐旗下世界頂尖生技技術育成中心JLABs，企業想獲得進駐此處的資格，申請成功率只有一成。

備受期待的伊勒伯，從資金結構也可略窺一二。在種子輪及天使輪[1]期間，就獲得來自以色列、英屬維京群島Golden Pearl Capital、吉嘉電子、海內外天使投資人約新台幣六千多萬元的資金。

瞄準未來世界的醫療趨勢，除了台灣總部與以色列分公司，熊樂昌也開始布局東南亞及印度市場，二〇二〇年預計將通過美國食品藥品監督管理局（FDA）與歐盟安全認證（CE Marking），歐、美、亞的國際版圖逐漸成形。

「我認為伊勒伯很有機會從國外紅回台灣，幫助更多人，」儘管前方挑戰無數，熊樂昌心中卻很篤定，挾帶著台灣與以色列激盪出的創新能量，伊勒伯的前景令人期待。

熱情×毅力，天助自助者

美國知名心理學家安琪拉・達克沃斯（Angela Duckworth）曾經提出一個問題：什麼是人生成功最關鍵的要素？結果研究發現，天分或努力都不是唯一的條件，熱情加上毅力才是關鍵，達克沃斯稱之為「恆毅力」（Grit）。

1 新創公司的生命週期會經歷幾個階段，從僅有想法的種子輪（seed round）開始，到有「天使」（angel）來投資。過一段時間，創投私募股權基金等，便會接連進場協助公司成長，進入A輪融資、B輪融資、C輪融資……，直到上市上櫃。

① 2018年在美國CES消費電子展中，熊樂昌與業者分享產品

② 伊勒伯所研發的產品外形圓潤可愛，降低醫療器材的冰冷感

從熊樂昌身上，也可看見恆毅力的特質。

父親是隨國民政府來台的老兵，母親是精神病患者，在父親癌症過世後，母親又因長期躁鬱症而住院療養，只能將熊樂昌和他的姊姊送到育幼院。那一年，熊樂昌才約五歲。

國中時期的熊樂昌不太喜歡念書，也不太遵守校規，還曾因為觸犯髮禁、頂撞師長等行為被記過。也因為勇於表達自己的意見，成了師長眼中的「壞孩子」，在國三那年差點被退學，幸好當時的校長說：「若是開除這個孩子，他可能就沒機會接受正常的教育了。」

校長的包容與溫暖，深深感動了熊樂昌，也讓他有機會繼續向前，按部就班地從高中、大學，最後拿到臺大應用力學博士學位，打下扎實嚴謹的學術根基。

「一路走來，要感謝的人很多，首先我要感謝神讓我在艱困的環境中，養成不輕易放棄的性格，先當自己的貴人，生命中自然會出現很多貴人，」為了負起照顧媽媽的責任，熊樂昌深知沒有退路，只能迎難而上，憑著一股韌性，闖過種種難關。

基於對父母的心疼與不捨，決定學術研究方向

父親罹癌去世、母親長年住院，因為對於父母的心疼與不捨，熊樂昌踏入學術領域之後，一直都是以癌症相關的檢測技術做為研究主題。

二〇一一年拿到博士學位後，因為參加一場宣教聚會，熊樂昌在分組中聽到以色列的資訊，產生興趣，便攜家帶眷到有「中東矽谷」之稱的以色列臺拉維夫大學（Tel Aviv University），進行博士後研究。

這是一段艱困的經歷，熊樂昌首先面臨的是經濟壓力。在高物價的以色列，

他必須以微薄的薪資撐起一家四口的生活，還要顧到在台灣的媽媽及岳母。此外，熊樂昌在以色列的研究生涯起初也不順利，「因為我的種族與同事們不同，所以遭受某些同事不合理的對待，」某同事甚至直接出言羞辱他：「你根本不應該來這裡！」

「人被歧視，有些人會選擇陷在自怨自艾裡，最後乾脆放棄，」但是對熊樂昌而言，他之所以能去以色列，是因為姊姊願意承擔照顧母親的責任，「我帶著那麼多牽掛出國，付出那麼多代價，怎麼可能一下就放棄？所以一定要撐下去。」

當時實驗室的學弟也提醒熊樂昌，來以色列的目的不是應付這些人，而是為了研究。最終，他摒棄外界干擾，專注於體外診斷裝置的研發及商品化，憑著專業與實力，獲得了其他同事的尊重與信任。

以色列歷經生死關頭，練就創業膽量

「在以色列的日子，是我人生中最快樂的階段，」熊樂昌這句話，令人有些驚訝，面對那麼多艱苦的挑戰，為什麼這段記憶讓他眷戀不已？原來，正是因為太

① 熊樂昌在以色列結交到一群生活中的好朋友
② 以色列生活的三年經驗，提升了熊樂昌的心理素質，面對艱困的創業歷程能更加坦然

多的困境與限制，反而更能凸顯生命的甜美。

熊樂昌回憶，在以色列做實驗時，進入防空洞躲火箭是家常便飯，聽著火箭「咻」、「碰」的聲音結束後，再回到研究室繼續工作。

在以色列與伊朗關係最緊張的那幾年，一直有傳聞伊朗將會發動生化攻擊，當時以色列政府在全國發放防毒面具，但是對於外國人卻全無保護措施，熊樂昌說：「我心中一直在演練，若是警報發生，要怎麼將家中窗戶封起來，能撐多久就撐多久。」

在全民皆兵的以色列，不顧一切的

① 熊樂昌參與台灣生技產業座談會
② 在展會中展示伊勒伯的研發產品

生存意志與韌性，是他最推崇的價值。

熊樂昌說：「我們就像是來自台灣的小白兔，突然被丟到狼群裡，這是多麼震撼的教育。」以色列的三年經驗，為他帶來深遠的影響，創業後，面對各種商場的談判、衝突，都能夠以坦然心情面對，「我連死亡的風險都坦然面對，怎麼可以逃避商業上的挑戰？」

沒有完美模式，創業就是邊做邊改

熊樂昌在以色列的博士後研究非常成功，甚至吸引了一筆來自以色列的五十萬美元投資，當時恰逢母親病情加重，熊樂昌決定帶著這筆資金回到台灣，二〇一四年創立了伊勒伯，專注在健康風險檢測裝置與IoT平台的技術產品。

從科學家成為創業家，熊樂昌如何適應調整？他說：「我很感謝過去接受的科學訓練，面對問題，你心中會有一個假設，然後就是去驗證、修正，再驗證。」

因為母親患有精神疾病，長年服用藥物，造成身體某些機能衰退，因此需經常做血液檢查。熊樂昌發現媽媽和許多長輩因為靜脈血管不明顯，總是要經過好幾次穿刺才能成功抽血，也讓這些長輩抗拒到醫院做檢查。因此，熊樂昌想要發明能滿足任何人、任何地方都可輕鬆採血的裝置，讓採血過程變得無痛又快速。

熊樂昌說：「我們一開始很天真，想把抽血和檢測的功能做在同一台裝置裡，但後來發現行不通。」這個假設受到現行法規限制，加上設備功能愈複雜，生產的成本及風險也隨之提高，「後來我們才了解，功能愈單純，其實愈能禁得起考驗。」

經過五年的努力，熊樂昌的研發團隊於二〇一九年推出可輕鬆收集血液的「Haiim閤安真空血液收集系統」，而全球唯一全血的PCR基因檢測儀「eGGi」，目前進行量產前之研發測試，從硬體產品延伸至評估健康風險的可攜式體外檢測裝置，結合醫療物聯網平台，走向預防醫學的整合解決方案。

在產品外形上，熊樂昌特別採用圓潤可愛的線條，降低醫療器材的冰冷感，因為他想做的不只是一個可以獲利的產品，而是真正能夠為人們創造價值、提高福祉的健康服務。

「很多人創業之前，總是想先找到完美的商業模式，但我認為，想得太清楚可能只會浪費時間，因為執行之後一定會有所調整，這是創業必經的過程，」熊樂昌說。

只做正確的事，市場自然會給予回報

醫療器材的研發與生產是一個高風險、回收週期又長的生意，一路走來，熊樂昌是否曾經想過放棄？熊樂昌苦笑著說：「我以前沒有想過要創業，創業之後每天都很掙扎，有時真的很想放棄。」

創業看似一帆風順，卻有無數的荊棘與血淚。從公司的營運、產品研發、製造到跨國行銷，每天一睜開眼就有無數問題等待熊樂昌去解決，他說：「從前你

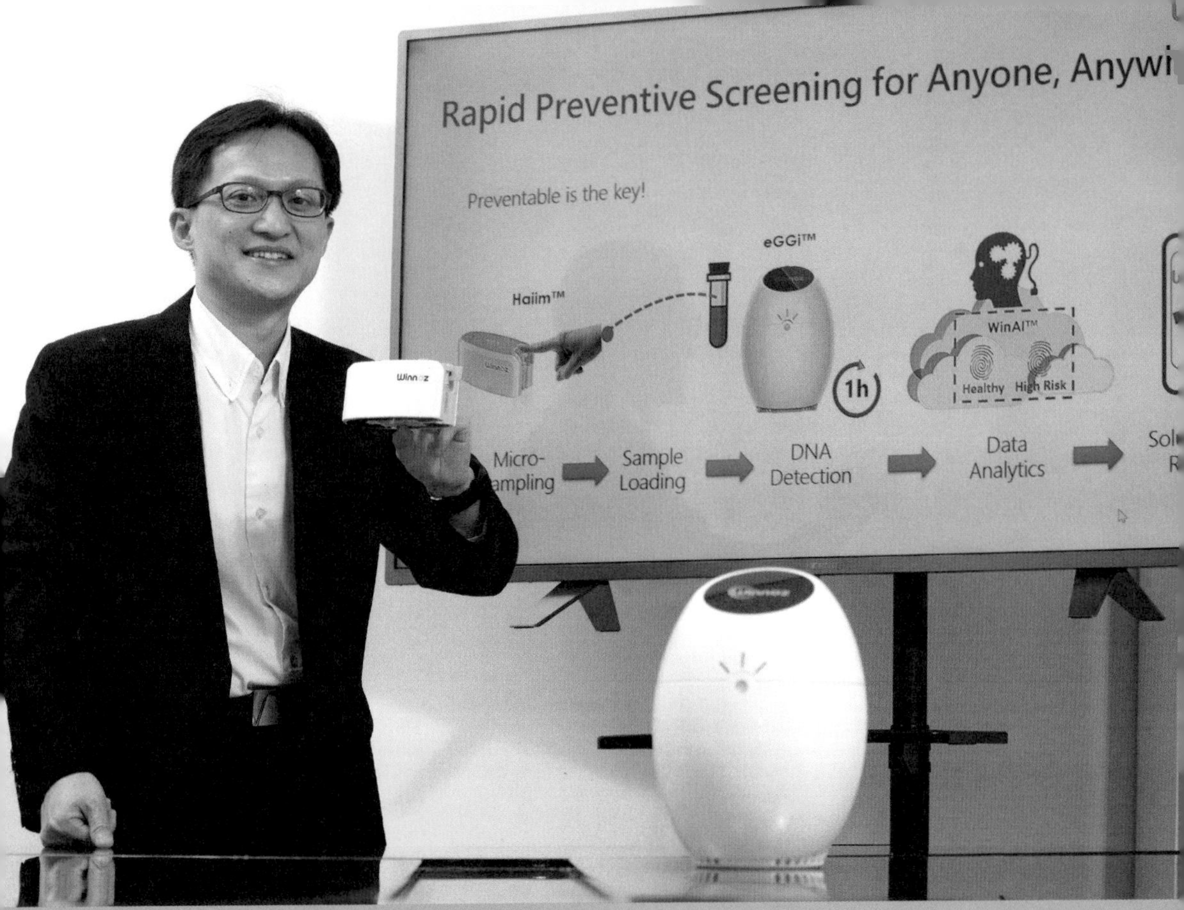

想對台灣及年輕人說的話

很多人說台灣是鬼島，我卻覺得台灣是寶島。我們有很好的人才和環境，但是否提供足夠的資源，讓台灣的人才為台灣創造更大的價值，這是大家需要一同努力的部分。

只需要擔負自己的家，現在還要擔負許多同事的家庭，這份責任很沉重。」

幸好從小就吃過很多苦，熊樂昌身上那股堅持不放棄的恆毅力支持著他，在漫長的創業路中持續前行。「因為我知道自己的夢想能夠幫助別人，就不會輕易放棄。」

在如今變化劇烈的商業環境下，熊樂昌看過許多人在創業之初，想的就是如何融資，或是賣掉公司大賺一筆，「但我覺得施比受更有福，」熊樂昌解釋，以「施」的心情去經營公司，朝著「創造一家偉大公司」的目標邁進，只做正確的事，自然就能無愧於心，最後市場自然會給予回報。

「遇到挫折時，你為人類創造價值的初衷，會激勵你持續前進，」這句話，熊樂昌說得很慢，但是很有力道，因為說出這句話的人，是一個從小遭遇許多磨難，卻始終對世界保有純粹善意的成功創業家。

「目前還不能說是成功，只能說，我們相信我們所做的事是有價值的，所以要盡一切努力去實現它，」懷抱著這個夢想，熊樂昌正帶著台灣的醫療創新技術，走向國際舞台。（文／王維玲）

施比受更有福。

熊樂昌 |簡歷|

- 臺灣大學應用力學博士（2011年）、以色列臺拉維夫大學博士後研究（2011～2014年）。
- 創立伊勒伯科技（2014年）、伊勒伯科技以色列子公司（2016年）。
- 獲選科技部新創之星（Tech Star）、CES之台灣新創館入選團隊、經濟部中小企業「破殼而出企業」新創企業獎（2018年）。

蔡忠伊　渥太華醫院神經外科醫師

台裔醫師第一人
榮獲加拿大最有影響力女性

在一個同學都是白人孩子的異鄉，
加拿大第二代移民蔡忠伊，
帶著台灣人樂觀與堅毅的精神，克服身分認同問題，
還當上挑戰性最高的神經外科醫師，在北美醫界闖出一番天地。
她不放棄每個病人，屢屢創造「死而復生」的奇蹟，
秉持初衷地說：「我想做更多，我想要他再站起來！」

二〇一五年第一屆海外十大傑出青年頒獎典禮，加拿大渥太華醫院神經外科醫師蔡忠伊（Eve Tsai）特地飛回台灣領獎，三代同堂一起出席的全家福大合照，蔡忠伊手上抱著女兒，父親蔡苗手上拿著獎牌。

「我把榮耀歸給我的父母。」蔡忠伊當時受訪說道。

傳承台裔移民父母的堅毅精神

蔡忠伊的父母，是一九五〇至一九六〇年代大學畢業後到北美深造的典型台灣留學生。父親拿到薩斯卡其萬（Saskatchewan）大學獎學金，畢業後就業、小孩陸續出生，一家人就在這個「非白人比牛、羊還少見」的農業省分落地生根。

父親是結構工程師，母親則在大學當研究員，他們為了工作，常常一早就把包括蔡忠伊在內三個小孩送到學校等校門開。知道父母為了生活奔波，三個孩子一點埋怨都沒有，「我記得冬天清晨好冷，有時還下雪，我們三個人就站在校門口聊天，很有趣的童年記憶，」蔡忠伊笑著說。

樂觀，是父母給蔡忠伊的禮物，讓她在成長過程中，即使全班都是白人小孩，她依然可以跟同學打成一片。移民第二代的身分認同問題，蔡家小孩從來沒遇過。

第二個來自父母的禮物，是台裔移民堅毅不拔的精神。

「他們當年大學畢業、二十出頭，提著一卡皮箱就來（加拿大）了，根本不知道前方面對的是什麼，唯一的信念就是『努力』——念書努力、工作努力、生活努力，」蔡忠伊有記憶以來，最常被父母耳提面命的就是「要成為有用的人，做重要的事」。後來，蔡家三個孩子都成了醫師，一位麻醉醫師、一位耳鼻喉科醫師，蔡忠伊則選了最困難的神經外科。

受樂觀癱瘓病人鼓舞，想幫他們站起來

「我的目標是要幫助別人，」蔡忠伊回憶曾經有一個年輕病患，花了一整個冬天和父親合力改裝古董賽車，不料第一次在賽車場試車時，卻發生翻車意外，被送到急診室時全身癱軟，情況危急。「而我只能維持他脊髓的穩定，無法避免他即將展開的人生可能要面對終生癱瘓的命運，」那時蔡忠伊告訴自己：「我想做

① 工作忙碌的蔡忠伊，也能找出適合自己的方式照顧兩位寶貝女兒
② 2015 年第一屆海外十大傑出青年頒獎典禮，蔡忠伊特地飛回台灣領獎
③ 2012 及 2013 年，蔡忠伊被 *Women of Influence* 雜誌選為加拿大最有影響力的二十五位女性之一，是唯一連續兩年被刊登在雜誌封面的得獎者

更多，我想要他再站起來！」

蔡忠伊說，超過百分之八十的脊髓損傷病患都是肇因於車禍或意外；從年齡層來看，十五至二十九歲發生率明顯高於其他年齡層。讓她更震撼的是，很多年紀輕輕就得終生坐輪椅的脊髓損傷病患，仍然樂觀面對人生，走出各種不同的精采生命。

她舉例說明，十八歲時打工遇到持槍搶案，子彈打中脖子傷及脊髓，導致頸部以下癱瘓的滕博爾（Barbara Turnbull），不但沒有被打倒，還成為《多倫多星報》（Toronto Star）當家記者；二〇〇六年入選加拿大運動名人堂的漢森（Richard Marvin Hansen），則是十五歲時因為車禍，脊髓損傷導致下半身癱瘓，但他仍努力成為殘障奧運會田徑選手，二〇一〇年擔任加拿大冬季奧運會火炬接力最後一棒。

回台研習修復脊髓手術，專業功力大增

「如果這些脊髓可以修復，該有多好？」蔡忠伊當時的醫學院指導教授塔托

（Dr. Charles H. Tator）正在進行神經修復研究，蔡忠伊被塔托派到台北榮總的神經修復實驗室進行研究，受到主持實驗室的神經外科教授鄭宏志的啟發，一頭栽進脊髓修復及再生領域。

蔡忠伊說，鄭宏志利用肋間神經結合神經膠，修復脊椎被截斷的白老鼠的實驗報告，成為全世界第一個在哺乳動物身上成功的脊髓修復手術，推翻神經外科醫學教科書上「中樞神經無法再生」的理論，和她想要修復脊髓，讓癱瘓病人脫離詛咒的夢想不謀而合，所以當塔托問她想不想回台北學習動物手術，蔡忠伊說：「我一口答應！」

在台北實驗室期間，蔡忠伊模擬切斷大白鼠的自體神經，並利用精密的顯微手術接回中樞神經。雖然當時還只是個醫學院學生，在實驗室待的時間也不算長，蔡忠伊的表現仍讓鄭宏志印象深刻。「她有台灣孩子堅持、吃苦的韌性，又有女生與生俱來的細膩和巧手，學得快又好！」鄭宏志說。

回到加拿大，蔡忠伊在多倫多大學完成神經外科住院醫師培訓，同時完成脊髓修復博士學位及脊椎外科專科培訓，並在美國克里夫蘭醫療中心（Cleveland

Clinic）取得脊椎研究員（Spine Fellowship）資格，還獲得美國神經外科醫學會的青年臨床醫學獎。

與死神拔河，扭轉病人的人生

「跟其他醫學領域比起來，現代醫學對神經外科的了解還是太少，有太多可以繼續探索、研究學習的部分，」致力神經再生、修復研究，但蔡忠伊始終沒有忘記當神經外科醫師的初衷：扭轉病人的人生。

「我和死神搏鬥，創造無限可能，」蔡忠伊回憶，曾經有一個深度昏迷、幾乎被判死亡的病人，但她評估後認為可以用神經外科手術搶救，於是連夜開刀。隔天早上，年輕醫師跟著她巡房時，發現病人竟然在一夜之間「起死回生」，不只生命跡象穩定，身體功能也毫無損傷，讓那位年輕醫師感受極大震撼，決定投入神經外科。

蔡忠伊滿足地說：「這就是神經外科讓我著迷之處。我可以和死神拔河，可以改變一個病人，甚至病患整個家庭的命運。」

蔡忠伊將每天面對的生老病死及無常視為「神經外科醫師的特權」，讓她有機會學習面對死亡的智慧和勇氣，她認為：「每個病人都是我的老師。」

記得有一個腦癌病人，儘管病情不樂觀，但病患和他的家人依然開朗，蔡忠伊說：「我好喜歡每次進這間病房時的氛圍，他們談話、關心彼此的方式好溫暖，根本感覺不出來這裡有人快要死了，唯一感受到的是，家人們非常珍惜在一起的每一分鐘。」

鼓勵有志女醫師：想做什麼就勇往直前

神經外科一向都以男性醫師為主力，美國、加拿大神經外科醫師只有百分之五、六是女性，身為鳳毛麟角的神經外科女醫師，蔡忠伊始終非常關注現況，並努力打破女性在神經外科的玻璃天花板。

她總是告訴想投入神經外科卻躊躇不前的年輕女醫師，「想做什麼、有什麼夢想，就勇往直前，拋開束縛和煩惱，往前跨出一大步，是成功的不二法則，」蔡忠伊認為，「就算遇到困難，也不要放大自己的困境、不要怨天尤人，想辦法克服、積極面對，相信每件事情一定都有解決方法。」

而蔡忠伊自己，除了二〇一〇年被選為加拿大年度Top 40 Under 40（四十歲以下最頂尖四十人）獎項，更在二〇一二、二〇一三年，被*Women of Influence*雜誌選為加拿大最有影響力的二十五位女性之一，是唯一一位連續兩年被刊登在雜誌封面的得獎者。

如何身兼多職？列出優先順序並取捨

蔡忠伊曾經在北美神經外科學會（AANS）期刊發表一篇關於「成功女性」的研究報告，討論美國、加拿大神經外科女醫師們如何兼顧醫師、研究者、媽媽、妻子等各種角色，她說：「結果很有趣，絕大多數的受訪者坦言：『我無法兼顧。』」

「沒有人可以身兼數職，這個世界上沒有『家庭和工作的平衡』，」蔡忠伊發現，所謂「成功女性」的共同點是：不求事事完美，找出最適合自己的方式，列出優先順序，知道如何取捨。

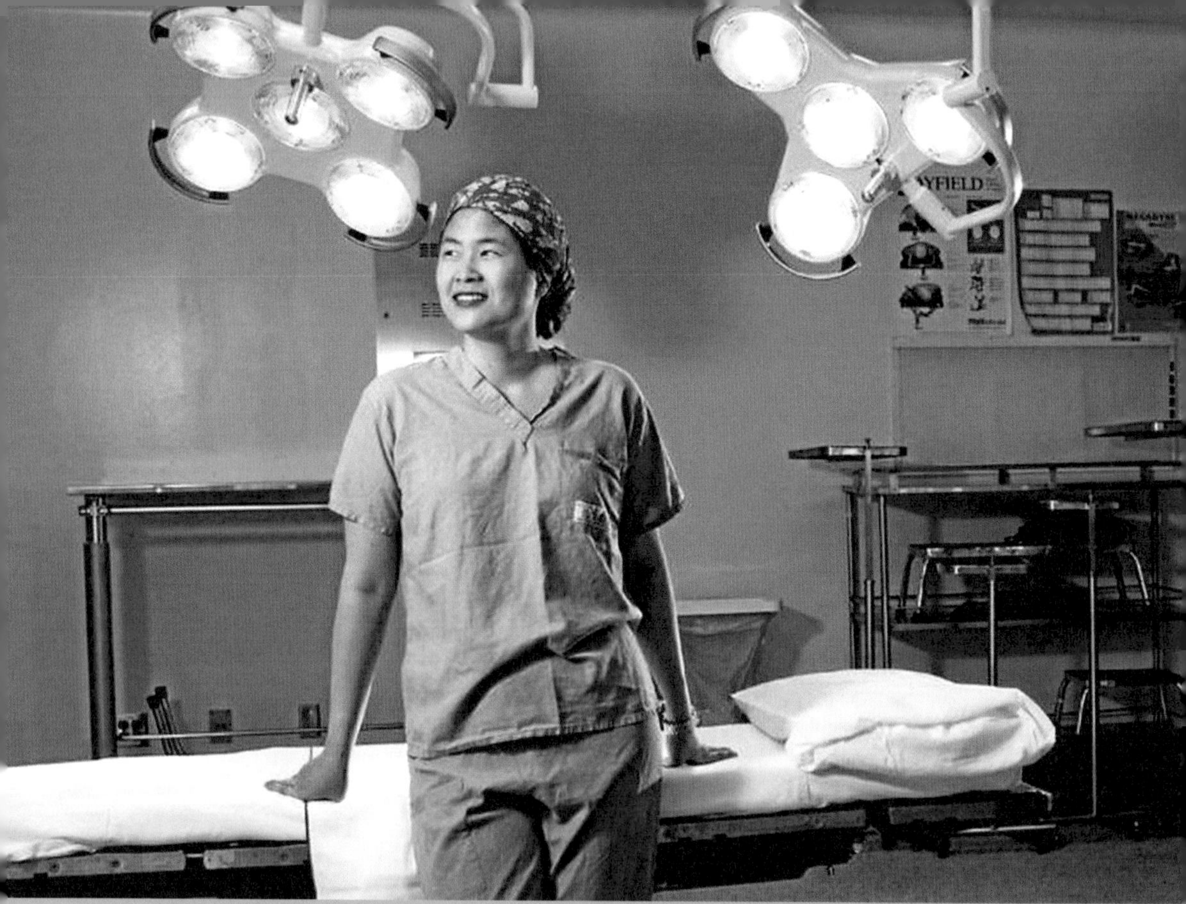

想對台灣及年輕人說的話

謝謝！Thank you！

因為台灣對年輕人追尋夢想一向支持和鼓勵，我的父母才有機會勇敢跨出一大步到加拿大求學，也因此才有我現在擁有的一切。我要跟台灣大聲說「謝謝！」台灣永遠是我的根，我生命的開始。

以自己為例，蔡忠伊兩個小學生女兒的同學每天都是精心打扮，而她女兒的衣著則是週末在大賣場採買生活用品時一次買齊，孩子一樣開開心心地穿著去上學，「這就是我的取捨和教孩子們的價值觀，」蔡忠伊說。

午餐飯盒是另一個實例。蔡忠伊說，女兒同學的午餐盒經常是「媽咪手做愛心便當」，「我如果要向其他媽媽看齊，是不是會非常挫折？」不以「每天現做新鮮便當」或「搭配媽咪現打果汁」為目標，蔡忠伊幫女兒準備午餐的原則是：健康、營養充足、吃得飽。她會在週末多準備一些食材冷凍起來，週間只要微波就可以帶便當。女兒喜歡吃水餃，找到包得健康又營養的冷凍水餃，一次買一百顆回家，要吃馬上就有。

放過自己，真的沒有什麼大不了！

有一次，蔡忠伊在手術房一整天沒吃東西，深夜回家的路上才到速食店果腹，突然想到小孩隔天的午餐還沒著落。「我根本沒力氣準備了，乾脆買兩份兒童餐回家裝進午餐盒裡，」當時心裡還有些自責，沒想到隔天放學，兩個小女生開心又得意地說：「媽咪，今天的午餐真是史上最美味，同學們都超嫉妒的，大家都想跟我交換。」蔡忠伊說：「放過自己，真的沒有什麼大不了！」

已經在北美醫界占有一席之地的蔡忠伊，不諱言常接到移民第二代孩子的求救訊號：「我根本不想當醫生，但爸媽一直告訴我，他們這麼辛苦移民，就是希望我能出人頭地，光宗耀祖。」許多孩子在父母的期待、預設的道路和自己的想法中掙扎，到底該放棄自己的夢想滿足父母，還是勇敢突破？

「永遠記得，這是你的人生，最重要的是自己，」蔡忠伊鼓勵年輕世代勇敢追尋夢想，相信自己潛力無窮，「我們這一代無法解決的問題，答案都在未來的你們手上。」蔡忠伊說。（文／朱乙真）

樂觀給了我們不斷成長的機會，而希望、信心和努力，是往成功前進的祕訣。但也要記得，一路上時時爲達成里程碑歡呼慶祝。

蔡忠伊 |簡歷|

- 多倫多大學脊髓修復博士（2004年）。
- 獲美國神經外科醫學會青年臨床科學獎（2007年）。
- 獲加拿大年度Top 40 Under 40（2010年）。
- 獲加拿大最有影響力女性（2012、2013年）。
- 獲第一屆中華民國海外十大傑出青年（2015年）。

黃韻如　臺灣大學醫院系教授
賴育宏　瑞士輝凌藥品亞太總部醫藥總監

走出白色巨塔
橫越一萬公里的驚奇人生

一位是不曾考過第二名，卻選擇放下過去朝目標前進的學霸教授；
一位是有聽力障礙，卻保持追夢勇氣的跨國生技經理人。
夫妻倆看似是一對人生勝利組，
卻在人生巔峰時期，放棄優渥的薪水與職位，
遠赴新加坡重新開始，只為一圓夢想。

從台灣到巴黎、從巴黎到新加坡，發生在臺大醫學系教授黃韻如、瑞士輝凌藥品（Ferring Pharmaceuticals）亞太總部醫藥總監暨市場准入總監（東南亞區）賴育宏這對夫妻身上的人生轉折，不只是自我實現的選擇，更是他們多年來相互扶持的堅定默契。

十二年的海外奮鬥人生，黃韻如在新加坡癌症科學研究機構帶領的團隊，已在上皮－間質細胞轉化（EMT）研究上取得重大突破，可望成為未來癌症醫學研究的創新突破點。

賴育宏則是在競爭激烈的跨國生技醫藥產業中嶄露頭角，同時擁有醫學專業與公共行政、商業管理的跨域完整經歷，讓他得以在多家跨國生醫大企業擔任高階經理人，帶領團隊縱橫國際市場。

沒考過第二名的學姊，遇上才子學弟

北一女、臺大醫學系、臺大博士、臺大醫院醫師、新加坡CSI（Cancer Science Institute）實驗室主持人、臺大醫學系教授，攤開黃韻如的學經歷，實在很難不令人注意。

黃韻如笑著說：「我是台北人，國中就讀介壽國中，保送上北一女，北一女之後念臺大醫學系，然後就進臺大醫院。基本上都是第一志願。或許這就是現在所謂的學霸吧，從小我沒有考過第二名，有些同學告訴我，我造成他們生命中很大的陰影。」

相較於黃韻如，賴育宏開玩笑說，自己雖然也是醫學院畢業，同樣進入臺大醫院擔任住院醫師，但和黃韻如一比，自己就像是吊車尾的後段班學生。

黃韻如與賴育宏是在臺大醫院擔任住院醫師期間相識，賴育宏很早就聽說過這位優秀的學姊，而黃韻如則是後來才慢慢了解她口中「不是book smart（用功向學的好學生），也不是死讀書」的學弟。

事實上，賴育宏在就讀中山醫學院時就是非典型學生。他說：「我參加過很多活動，譬如學生會，還參加過全國大學英語演講比賽，是少數可以拿到第一名的醫學院學生；我寫文章、辦刊物，每個領域都能玩出一點成績，但不代表我就要一直做下去。」

① 2002年9月，黃韻如（前排中）遇到Jean Paul Thiery教授（後排右二）之後，確立了一生的研究方向
② 2003年SARS期間，賴育宏在和平醫院服務
③ Jean Paul Thiery教授（左）可說是對黃韻如（右）影響最深遠的老師

二〇〇三年，對黃韻如和賴育宏而言，是人生中非常關鍵的一年。這一年，黃韻如選定了她繼續往科學研究的志向，開始在臺大攻讀博士學位，也在這一年，黃韻如與賴育宏步入禮堂，成為彼此生命中的另一半。

婚前的疫情大考驗

但其實，在此之前不久，兩個人經歷了一場極大的考驗。

二〇〇三年四月，台灣爆發SARS疫情，臺北市立和平醫院因為發生群聚感染而封院隔離，當時，賴育宏就是和平院區的醫師之一。

多年後，賴育宏在一次教會聚會見證分享：「當時我在和平醫院，穿著厚厚的防護衣，把自己隔離起來，而我也被世界隔離。當時，每天身邊都有人被感染，我一直在想，再過幾個禮拜我就要訂婚了，這個時候，死神會不會找上我？」

身處那樣的絕望裡，當時還沒有宗教信仰的賴育宏，卻在因緣際會下領受了強大的信仰力量，支持他走過恐懼憂慮，也讓他勇敢克服聽力障礙，戴上助聽器，不再害怕讓別人知道自己身體上的缺陷，甚至接受具有風險的手術，讓自己有機會恢復部分聽力。

而賴育宏與黃韻如也在堅定的共同信仰中，得到讓他們敢於放手一搏的勇氣，選擇放下已有的成績，遠赴海外追尋新的目標。

學術研究生涯埋下第一顆種子

為何會決定放棄在台灣的工作，選擇赴海外發展？

對黃韻如而言，就是一個直面目標的當然選擇，確立後毫不猶疑開拔前進；對賴育宏而言，則像是意外的人生轉折，轉折過程卻與他從學生時代就展現的興趣及才華，產生奇妙的連結。

二〇〇二年一場研討會上，當時還是住院醫師的黃韻如，遇到在細胞生物學上皮－間質細胞轉化研究領域的大師級人物、居禮研究所（Institut Curie）的Jean Paul Thiery，為黃韻如的學術研究生涯埋下第一顆種子。

在研討會上，黃韻如告訴Jean Paul Thiery，自己對於細胞如何黏附與移動的研究非常感興趣，還拿出正在念的書給他看，Jean Paul Thiery立刻指著書上的一

review.insight

Seeing the world in a dot

THE STRAITS TIMES SATURDAY, SEPTEMBER

① 2003 年斜槓醫師牽起美女學霸的手，勇闖天涯
② 黃韻如與賴育宏受邀參加 2017 年亞太區 MedTech Forum 座談會
③ 當時《海峽時報》（*The Straits Times*）也特別採訪黃韻如與賴育宏

① 賴育宏在法國高等商學院（ESSEC Business School）規劃以醫療製藥產業為對象的碩士學程
② 賴育宏的藝術創作

張圖告訴黃韻如，這就是他實驗室的發現，並於會後為黃韻如說明細胞生物學的基本概念，甚至分享最新研究成果論文，從此打開了黃韻如的研究眼界。

黃韻如在研讀資料後發現，過去大部分此類研究都專注在乳癌領域，婦癌方面卻少有著墨，而這顯然是具有前瞻性的研究領域，讓她非常興奮，就此決定往後的研究方向。

偕夫赴星展開新人生

因為想追隨大師繼續深造，而Jean Paul Thiery當時任職於巴黎第十一大學，於是，黃韻如考上臺大解剖所攻讀博士的同時，也開始申請臺大與巴黎第十一大學雙聯學位，希望加入Jean Paul Thiery的實驗室。

經過一年的申請與準備，當時已經結婚的黃韻如和賴育宏，決定放下一切，一起飛去巴黎展開新人生。沒想到，人算不如天算，這段行程卻在最後一刻出現急轉彎的變化。

黃韻如回憶：「有天晚上，我接到Jean Paul Thiery從法國打來的電話，告訴我他即將離開法國搬到亞洲，但我還是可以去巴黎加入實驗室。可是我想，花了這麼多力氣寫公文爭取雙聯學位，還學了法文，就是為了跟隨Jean Paul Thiery學習，雖然所有準備都已經箭在弦上，我卻花不到十秒鐘考慮就告訴Jean Paul Thiery，我要跟他去新加坡。」

這一趟海外人生的考驗，還沒踏出國門就已開始，是黃韻如及賴育宏始料未及的挑戰，或許也是最好的行前教育。海外生活變數大，不只是個人或環境，還牽涉到區域與國家的政策變化。

黃韻如分享，當時新加坡政府致力發展生技研究，積極延攬全球頂尖研究者，而Jean Paul Thiery剛好被邀請前往主持專屬實驗室。如果當時沒有遇上新加坡政策，Jean Paul Thiery就不會從巴黎搬到新加坡，而黃韻如與賴育宏自然也不會有後來十二年的國際發展機遇。

到了新加坡之後，黃韻如經常有與世界級大師近身接觸交流的機會，讓她見識到快速建立研究網路的可能性，每一次與大師級學者見面討論、每一篇被刊登在世界頂級學術期刊的研究，都是一個合作機會的開始，她的全球化研究網路就這樣逐步建立起來。

二〇一四年中，黃韻如與新加坡大學團隊發展出EMT Scoring Scheme，這是一種透過利用癌細胞在上皮和間質細胞轉化特性之間的表現程度，藉由一個量化的光譜，評估患者癌症轉移的機率與程度，幫助醫師在診療上有不同的策略與手段選擇。黃韻如與團隊用了四年時間，帶領上皮－間質細胞轉化研究領域發展出新的思維，並為後來的研究打下基礎。

從選定目標、抓緊機會，到打造屬於自己的里程碑，黃韻如從住院醫師開始逐漸累積實力，成為擁有全球研究網路名聲的國際級學者。但其實，黃韻如與賴

① 黃韻如（前排左二）與台灣實驗室團隊前往SPF雞胚蛋供應產地拜訪
② 黃韻如（前排左二）與新加坡CSI實驗室團隊合影

育宏並沒有打算落腳於此，尤其是賴育宏，原本只向當時任職的市立聯合醫院申請出國研修一年，去巴黎進修腹腔鏡技術，但後來卻轉向新加坡，全盤推翻既定的生涯規劃。

醫師跨入社會科學，變身頂尖經理人

到了新加坡，賴育宏思考能有什麼進修資源，爾後，卻做出一個讓許多人吃驚的選擇：捨棄醫學進修，轉而投入社會科學研究領域，進入新加坡國立大學李光耀公共政策學院，以公共行政、組織行為做為研究領域。

外人看來或許覺得不可思議，但對

賴育宏而言，卻是重新找到學生時期從事社會運動的熱情，並對公共議題、管理科學有了更深層的認識。特別是進入李光耀公共政策學院後，身為班上唯一的台灣學生，賴育宏的視野眼光突然與過去完全不同了，甚至一路從進修，念到碩士、博士。

攻讀博士期間，賴育宏以組織行為與組織研究做為博士論文主題，加上原本的醫學背景，跨域專業讓他的人生不只是國際化，更是跨界化。

曾經有人問賴育宏：「放棄當醫師會不會覺得可惜？」賴育宏回答得很直接：「當醫師有不錯的收入，但如果只有錢，沒有老婆、沒有小孩，這樣的人生是我要的嗎？當然不是。既然選擇跟另一半一起去新加坡，就應該要勇於嘗試不同的可能性。原本我就不喜歡安於現狀，不想要一個可預期的未來，更重要的是，我不想讓自己有後悔的機會。」

「全台灣一年有一千兩百個醫師，這麼多人可以做的事，不需要我做，我想做很少人能做的事，」賴育宏補充。

賴育宏拿到博士學位後的第一份工作，是為法國高等商學院（ESSEC

想對台灣及年輕人說的話

儘管過去的年日折磨心靈，艱困時光重擔壓迫我們，但所有美善力量都默默圍繞，奇妙地安慰保守每一天，在晚上、早上、每個新的一天，上帝都將與我們同在。

（節錄自德國神學家潘霍華最終詩作〈所有美善力量〉）

想對台灣及年輕人說的話

在人的眼裡，這個世界沒有一處完美的地方。因為這些不完美，我們更能了解人的局限與軟弱，更應該追求上帝的美好國度與永恆價值。「這世界和其上的情欲都要過去，唯獨遵行神旨意的，是永遠常存。」（《約一》2：17）

Business School）在亞太區規劃第一個以醫療製藥產業為對象的碩士學程。

之後，賴育宏陸續在幾家全球知名藥廠、生技公司擔任高階專業經理人，在他的帶領下，團隊曾經拿下亞太區分子診斷產品策略領導獎，賴育宏更曾被《新加坡商業評論》選為「二〇一八年新加坡生技最佳經理人」。

近年來流行的「斜槓人生」，是賴育宏的最佳寫照。他認為，斜槓先決條件是做好本業，然後才有能力畫出下一道斜槓。

雖然放棄醫師身分，但醫師訓練卻成為賴育宏一路走來的基礎，無論是商學院的工作或生技醫藥產業，是高階經理人或醫藥顧問，從藥物定位、價格策略、市場策略，從製造端、產品端、服務端，整個共生體系都環環相扣。

擁有醫學專業訓練，加上社會科學的研究背景，讓賴育宏在人生轉彎處加速超車，超越的不只是自我成就，也是對社會的貢獻付出。

二〇一九年，黃韻如接受教育部玉山青年學者計畫邀請，選擇暫停在新加坡的研究事業基礎，回到薪資、研究經費甚至環境都與新加坡有顯著差距的台灣。

她的理由只有一個：「我想讓台灣重返榮耀。」

「剛回來難免水土不服，有天我在臉書上抱怨，就有朋友留言：為何不想想那些蛋呢？」黃韻如笑著說，這猶如當頭棒喝的提醒，讓她想到之前在新加坡以雞胚蛋進行研究計畫，因當地沒有穩定優質的供應來源，使得計畫被迫中斷，「如今回到台灣，在苗栗找到非常優質、無特定病源的SPF雞胚蛋供應來源，而這種基礎條件，就是新加坡沒有的。」

轉念帶來力量，對於台灣發展生技產業的前景，黃韻如亦抱持樂觀看法，她曾說：「台灣在新創生技產業的連結能力十分傑出，在內湖南港園區大大小小的生技新創公司，秉持著台灣中小企業蓬勃發展的精神，儘管可能看到一家公司起伏興衰，但重點是會有另一家再起，這種生態是新加坡非常羨慕的。」

促成台星交流，讓台灣孩子看見世界

身為醫學領域的研究者與大學教授，黃韻如對於下一代傳承具有使命感，尤其因為自己曾經獲得大師級教授一路引領提攜，才成就科學研究之路，因此她充分認知到：如今在研究上的努力，已經不只是為了興趣與目標，更是為了帶動下一代學生與研究者一起前進的力量。

至於海外發展經驗，黃韻如認為：「它讓我看見世界、看見未來的可能性，對於現在的年輕人，我們能做的，是把世界帶到他們眼前，讓他們能夠有出去闖一闖的機會。」賴育宏則進一步提到：「應該盡早讓孩子看到世界的樣子，尤其在形塑世界觀的年紀，能有更多機會與不同文化交流、相互理解，甚至是親近世界一流的大師學者，看到頂尖智慧。」

本著初衷，黃韻如與賴育宏於二〇一七年成立HLA－TW計畫，起初是黃韻如在新加坡CSI實驗室成立一筆獎學金，幫助台灣學生到新加坡實習，後來則是在李光耀公共政策學院舉辦徵文比賽，號召更多參與者，讓台灣的年輕學子可以透過此平台與國際產生連結。之後，也將與台灣的文教基金會合作，繼續推展計畫。

從台灣到巴黎的緣分，從巴黎到新加坡的轉彎，從新加坡回到台灣的不變初心；橫越一萬公里、十二年的歲月，在黃韻如與賴育宏這對夫婦身上看到的，不是對自我成就的志得意滿，而是如何感恩回饋社會的熱忱初心。（文／陳慧玲）

我只有一件事，就是忘記背後，努力面前的，向著標竿直跑，要得神在基督耶穌裡從上面召我來得的獎賞。

黃韻如 ｜簡歷｜

- 臺灣大學醫學院醫學士（1999年）、臺灣大學醫學院解剖暨細胞生物學博士（2008年）。
- 新加坡分子與細胞生物學研究所（IMCB）博士後研究員（2007～2009年）。
- 新加坡國立大學醫院（NUH）婦產科醫師（2009～2019年）。
- 新加坡國立大學癌症科學研究所（CSI Singapore）研究主持人（2009～2019年）。
- 獲新加坡國立大學醫療體系（NUHS）醫師科學家獎（2012年）。
- 中華民國教育部玉山青年學者（2018年）。
- 臺灣大學醫學系教授（2019年迄今）。

唯一限制你往前的，是你自己。轉變心態，你會看見全世界。

賴育宏 | 簡歷 |

- 中山醫學大學醫學士（2000年）、臺灣大學公衛學院預防醫學碩士（2007年）、新加坡國立大學李光耀公共政策學院公共行政碩士（2008年）、新加坡國立大學李光耀公共政策學院公共政策博士（2013年）。
- 臺灣大學附設醫院／臺北市立聯合醫院泌尿科醫師（2000～2008年）。
- 法國高等商學院ESSEC亞太校區健康經濟與管理研究所主任（2013～2016年）。
- 美商IMS Health顧問公司真實世界證據亞太區首席顧問（2016年）。
- 台灣行動基因生技公司新加坡子公司董事總經理（2016～2019年）。
- 瑞士輝凌藥品（Ferring Pharmaceuticals）亞太總部醫藥總監暨市場准入總監（東南亞區）（2020年迄今）。

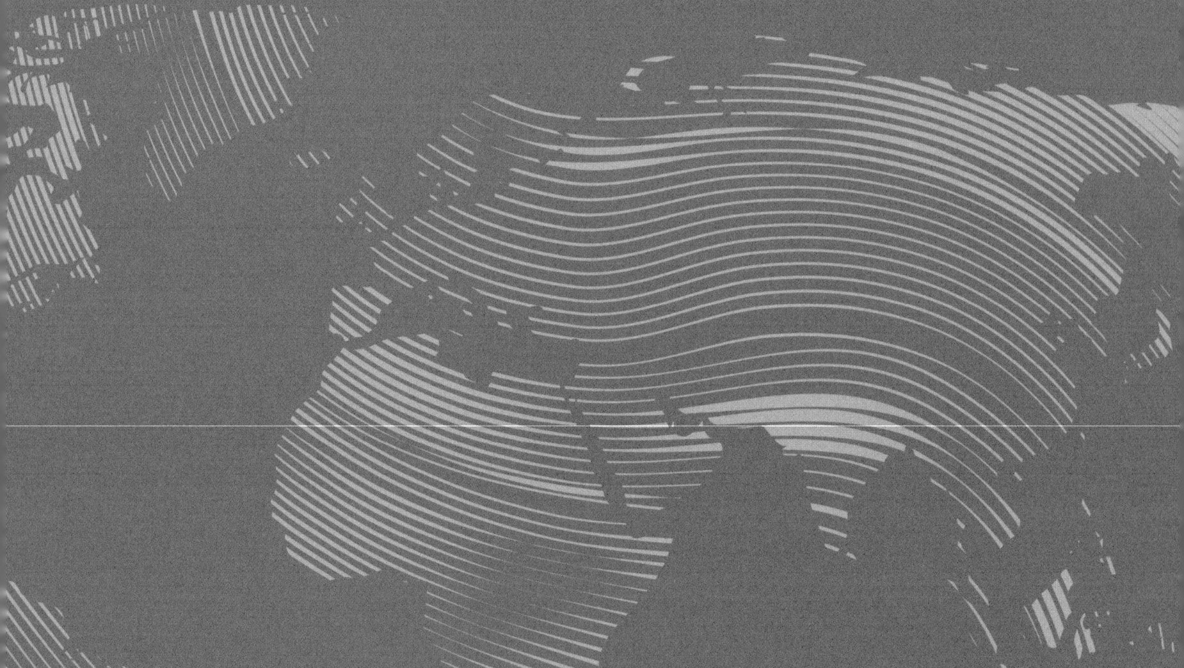

03 傳承人生智慧

驅動產業**前進的力量**

雖然身為專業領域的佼佼者，
但他們並沒有忘記這片滋養生命養分的土地，
以自身為節點，串聯全世界的產業資源及優秀人才，
把世界帶進台灣，也推動台灣迎向世界。

俞寧寧 Taboola副總裁

創業七連勝 用棒球哲學打造「獨角獸」

連續七次在不同領域創業成功，且新創企業均被美國主流企業收購或上市，創下如此傲人成績、堪稱「創業天才」的俞寧寧，邁向創業之路的契機，竟然是由與一個陌生人無意間的對話而開啟。

創業很難，創業成功更難，而連續七次在不同領域創業成功，則是難上加難。現任全球最大內容推薦平台Taboola副總裁俞寧寧，卻做到了。

雖然完成這項看似不可能的任務，俞寧寧卻輕描淡寫地說：「沒什麼，凡事全力以赴而已。」俞寧寧喜歡創業，也享受創業的甘苦，因為身在其中，可以充分感受到「好玩、變化」的樂趣及成就感。

旅美台人創新創業楷模

來自台灣的俞寧寧，一九九六年首次加入創業團隊，她所建立的新創公司陸續被美國主流企業收購或上市，不僅在競爭激烈的全球高科技產業中闖出一片天，也為旅美台灣人樹立科技創新創業的楷模。

俞寧寧參與創業的七家公司包括：做出全世界ISO標準並上市的「Retix」；美國首家做出無線數據交換器的「Vertel」；在網路泡沫化前就做出全球頂尖的網上互動系統，後來被Ask.com/IAC收購的「NetEffect」；針對卡車、貨運、存貨、流程，進行現場操作管理的「Thinque」，後來被MEI公司收購；移動平台公司「Sendia」，被全球最大SaaS Model公司Salesforce收購；商業房地產的軟體平台公司「Accruent」，客戶包括Starbucks等，以及最關鍵的第七次創業——參與創業「Perfect Market」。

之所以會參與成立Perfect Market，是因為網路媒體興起，傳統媒體經營困難，俞寧寧深知強大公正的媒體對民主社會的重要性，加上有Idealab創辦人、創業怪傑比爾・格羅斯（Bill Gross）的鼓勵，便參與Perfect Market的創業團隊。

Perfect Market是一個商業網站上推廣程序化廣告服務的平台，它可以在網頁上出現用戶可能感興趣的內容，並根據用戶資料、流量及內容偏好推薦，這個機制一方面可以幫助網站提高文章閱讀量，也可以引入網站外部內容或廣告，增加網站收益。

二〇一四年八月，Perfect Market被Taboola併購，而俞寧寧便改任Taboola研發副總裁，領導Taboola洛杉磯分部至今。

如今，Taboola已是全球最大內容推薦平台，服務全球數萬家高級媒體網站和移動運營商，每個月透過這些平台向超過十五億的獨立用戶，提供超過五千兩

① 促成Taboola成為科技部LEAP計畫的俞寧寧，與LEAP團隊合影
② LEAP計畫成員融入美國習俗，在萬聖節裝扮成各式造形參加派對，在俞寧寧（左三）旁邊扮演吸血鬼的即是巫孟倫博士（左二）

百億次的文章、部落格、影片、產品和應用程式推薦，客戶包括《赫芬頓郵報》、MSN、美國在線（AOL）、《今日美國》（*USA Today*）、美國全國廣播公司（*NBC News*）、德國《圖片報》（*Bild*）、日本產經、《Business Insider》、英國《獨立報》等媒體。由於營運策略靈活，成長迅速，Taboola更躋身「獨角獸」（Unicorn，估值超過十億美元的新創公司）的行列。

一場與陌生人間談，開啟創業契機

被譽為創業天才的俞寧寧，在家中排行中間，姊姊和弟弟都十分優秀（都是臺大畢業生），而父母親沒有給她設定任何目標，反而讓她有比較多的空間可以自由發展。

俞寧寧大學念的是臺灣大學數學系，之後赴美取得洛杉磯加州大學（UCLA）電腦科學碩士。受到教授的啟發，俞寧寧認為未必要教書或進入研究機構，她看到許多美國教授或學生，有好創意、遇到好機會就去創業，全美國都充滿鼓勵創業的氛圍，讓她也開始思考自己的創業之路。

起初，俞寧寧對創立公司一無所知，直到有一天在電梯裡遇到一位陌生人，從對談中為她開啟了創業的大門。

「當這位陌生人知道我來自UCLA，便問起我的指導教授正在研究的新創公司，以及他所投資的高科技股票，讓我十分驚訝並開始研究，發現在學校學習的領域中，竟然有許多令人興奮的新創公司；同時我也發現，身旁成績最優異的同學都加入了各種新創公司。有人告訴我，新創公司可以創造真正的價值，能解決困難問題並快速發揮巨大作用，我因此迷上了。當然沒有人告訴我，新創公司也有可能失敗，生活可能會很悲慘。」俞寧寧笑著說。

談到創業成功的關鍵，俞寧寧認為，新創公司最重要的資產是「人」。身為大聯盟洛杉磯道奇隊死忠球迷的俞寧寧，常引用她最喜歡看的棒球比賽來與成功創業進行關聯性比喻。她說：「一支優秀的球隊通常擁有一個運行良好的農場系統（Farm System）（即小聯盟），所以對於喜歡棒球的孩子來說，必須先經歷小聯盟多年的訓練才能進入大聯盟。而想要通過這些考驗，則要有熱情、承諾和堅持不懈的精神，這就是成功創業的基本要素。」

至於公司內部，則需要一位能夠發現天賦的偉大球探，為團隊找到可以在正確位置發揮能力、擁有強大適應力的選手。因為對新創公司而言，招募合適的人才和建立團隊是最關鍵的成功因素。

俞寧寧說：「棒球是一項團隊運動，無論處在哪個位置都很重要，即使是犧牲打或盜壘，對球隊得分來說，與全壘打的貢獻相等。」因此她認為，公司每一份子在自己崗位上全力以赴，對團隊都具有同等的重要性。

分享Idealab，幫助企業成功經驗

在俞寧寧的創業生涯中，通常都擔任公司管理、產品定位及研發等重責大

任，除了銷售之外，什麼事都做。俞寧寧表示，她很喜歡這些好玩又充滿變化的工作，因為能在新鮮有趣的創新事務中改變及影響別人。古道熱腸的她更喜歡幫助年輕人，尤其是有志創業的年輕人，她都樂於分享經驗。

由於俞寧寧加入創業團隊的Perfect Market出自著名的育成中心Idealab，她特別分享所見所聞，提供台灣做為成功發展創新創業的參考。

俞寧寧說：「Idealab擅長在多元化領域，創辦高科技創業公司，成功率高達百分之三十，遠高於行業標準。」至於高勝率關鍵，她分析：「首先，大多數公司的創意，主要來自創辦人比爾・格羅斯，這些創意會先放入內部的想法清單上，經過嚴格的審查程序，確定哪些最具潛力。」

此外，為了讓新創公司專注於產品開發和服務客戶，Idealab提供基礎設施和支持服務，如人力資源、法律、財務等。因為有了這些幫助，可以加速公司的核心發展，不必擔心由於合約問題或資金不足而導致失敗。

而在種子資金資助後，Idealab會繼續利用其龐大的網絡和人脈，幫助每個新創公司籌集資金，並提供有價值的建議，新創公司成員還可以在開放式的辦公空間裡，互相鼓勵與建立聯繫、溝通和交流。

培育台灣新進科技人才不遺於力

過去，因忙於創業，俞寧寧較少與洛杉磯的台灣社群聯繫，但自從認識科技部駐洛杉磯科技組組長張揚展之後，便經常參與台灣創新創業及科技人才培育工作，並數度應邀參加科技部主辦的「創新創業激勵計畫」（FITI），擔任業師，指導台灣新創團隊。

此外，俞寧寧也促成Taboola成為科技部LEAP計畫的實習公司，從二〇一七年起至今五期，已訓練八位學員，其中有兩位因表現傑出，順利取得工作簽證留在美國工作。

LEAP計畫是為培育台灣高階科技創新創業人才，選派具創新創業企圖心的博士級人才赴國外企業、新創公司和知名機構，進行專案合作研習十二個月，取得國際實戰經驗。

其中一位透過LEAP計畫出國拓廣視野的巫孟倫分享，他為了培養國際

① 來自不同國家組成的Taboola工程師團隊，贏得2019年編程馬拉松（Hackathon，又譯為駭客松）大賽

② 俞寧寧不眠不休地工作，到深夜仍與遠在以色列臺拉維夫的同事開會

觀，辭去原本在台灣的工作，參加LEAP計畫。比較台灣與美國的工作模式後，他認為台灣許多公司限制太多，無法放手讓員工發揮創意；來美工作後，不僅學到技術以及與人合作的訣竅，工作模式也更有效率。

另一位賴彥龍則指出，由於取得美國簽證過程困難，即便台灣人才有能力，也沒有到國外就業的選項，LEAP計畫則可搭起與國外溝通的橋梁。

俞寧寧分析，基本上，Taboola所創立的數據平台，是利用人工智慧串連全球網路訊息，台灣市場規模小，並非公司發展重點，但台灣優質的科技人才，讓她考慮日後向公司建議，運用在Taboola實習過的學員，甚至在台成立研發中心，為台灣培養更多優秀的數據科學家。

不僅提拔後進不遺餘力，俞寧寧也建議，初入職場的年輕人要有求知、求進步的生活態度，把目標放在「自己做到最好」，而非急於「想要得到什麼」。她鼓勵年輕人要把握嘗試的機會，才能知道自己「喜歡什麼、不喜歡什麼」，因為「舉步不前，永遠等不到答案」；即便失敗也不要有患得患失的心理，因為歷經過失敗，才可以砥礪自己向前。

俞寧寧以Taboola為例：公司對員工有三點能力要求，那就是「學得快、負責、溝通能力」，對事情必須提出自己的想法、問題及解決方案。她說，公司重視營造學習成長的環境，鼓勵員工精益求精，才能保持競爭力。另外，俞寧寧也強調「人際網路」的重要性，鼓勵年輕人創業時要多接觸、多聽，才有能力找到資金與人才，開展事業的康莊坦途。

俞寧寧觀察，美國的創新創業都始於大學，並由資本家推動；然而，在世界其他地方則由政府推動，並與大學資源結合。她看到台灣科技部在支持企業家生態系統方面投注很大心力，可惜台灣市場小，所以她認為「扎根台灣，放眼國際

本圖背景是猶太人聖地Masada，亦為猶太人名句「Masada Never Again!」的發源地，意指猶太人記取過去在此被集體圍困並消滅的故事，發誓此事永不再發生

想對台灣及年輕人說的話

有意創業的年輕人，在出發前應更做好心理準備：「思考及目標要大 —— 放眼全球」。

市場」是一個可行的方向。

「台灣年輕學子的專業程度大多很好，英文也不錯，但找出問題、切入問題的能力還有成長的空間。如果有好的導師，用對方法，加上可塑性及學習力極強，應該可以很快趕上。最重要的是，年輕人應該要胸懷大志（think big），擁有全球化思考（think global）的能力。」俞寧寧有信心地說。

事業有成之餘，又貢獻心力回饋台灣，幫忙培訓跨國創業人才，問起俞寧寧的下一步，是否再次投入新創公司，或者專注於培育人才呢？

俞寧寧說：「由於Taboola目前處於全球超高速增長狀態，仍有許多高峰需要征服，任務尚未完成，所以目前尚未考慮未來的計畫。但是創業的血液一直在我內心奔流，若能幫助並看到年輕人創業成功，也是我所樂見的。」

因此，俞寧寧將盡其所能協助年輕人創業，向學校提供建議（例如UCLA電腦科學系的諮詢委員會），以及指導企業家，並與負責創業生態系統政策的人交換意見，將他們與投資者和學者聯繫起來，創造「多方皆贏」的機會。（文字整理／陳永信）

Two roads diverged in a wood, and I—
I took the one less traveled by,
And that has made all the difference.
—'The Road Not Taken' by Robert Frost

俞寧寧 ｜簡歷｜

- 臺灣大學數學學士（1980年）。
- UCLA電腦資訊碩士（1984年）。
- Taboola洛杉磯分部研發副總裁（2014年迄今）。
- UCLA Computer Science AAB Board Member。
- 南加州玉山科技協會副理事長。
- 美國北一女基金會董事。

郭耿聰　前聯發科技印度分公司總經理

臨危授命
開啟外派印度的奇幻旅程

十二年前，郭耿聰臨危授命前往印度，
成功重整聯發科技併購的一家印度公司，堪稱神救援。
而這段偶然的旅程，真正在他心中留下印記的，
不只是職涯上的成就，
而是將台灣手機產業帶進印度，
並改善偏鄉醫療的具體行動。

前聯發科技印度分公司總經理，是郭耿聰最讓人熟知的職務，但其實，他在科技業界擁有非常豐富的資歷，且屢屢為公司立下戰功。

郭耿聰自臺大電機研究所畢業後，前往惠普（HP）工作，一待就是十五年，歷練過技術、業務、人資及品管等職位。後來轉戰聯電集團，在五合一時期（聯電、聯誠、聯嘉、聯瑞、合泰五家公司合併）擔任行政長。之後被美商科林研發（Lam Research）挖角擔任副總裁兼台灣區總經理，讓公司業績在兩年內幾乎翻了兩倍。

二〇〇五年，郭耿聰正式加入聯發科技，也展開了外派印度的奇幻旅程。

用「換位思考」，穩定人事、拉升業績

郭耿聰之所以會被派駐印度，緣起於聯發科技當時購併一家負責人機介面（man-machine interface; MMI）的公司。

在完成合併一年多之後，台灣總部發現印度員工很難溝通，離職率更是逼近四成，當時聯發科技董事長蔡明介決定借重郭耿聰在人資、行政、跨國企業的長

才，協助管理並重整印度分公司。

來到印度後，郭耿聰立刻深入研究印度的歷史背景與文化，並逐漸發現雙方之所以產生磨合的困擾，根本原因在於文化及思維的差異。

郭耿聰說：「台灣產業以代工為導向，注重紀律、速度與效率，習慣用上對下的單向溝通方式；印度文化則是重思辨、思考與做事方式發散，不見得會按照長官交代的方式去做，習慣雙向討論決定事情。」基於以上的差異，台灣主管自然會覺得印度員工很難帶，印度員工則未能認同台灣主管的管理方式。

找出問題癥結點之後，郭耿聰開始著手建立有別於過去的溝通模式。首先，他將印度員工送去台灣進行短期出差行程，透過近距離與台灣同事互動，慢慢學會「換位思考」，理解台灣人的思考脈絡；另一方面，他也從台灣總部找來兩位「聯絡官」，搭起台印雙邊溝通的橋梁，不僅要求即時向總部反映印度團隊的需求，並且跟印度團隊整合成命運共同體。

如此一來，印度分公司逐漸人事穩定，業績也飛快成長，並調整為以在地主管管理做法，離職率大幅降低。

① 郭耿聰代表聯發科獲頒印度多媒體通訊基礎設施協會（CMAI Association of India）獎項
② 在印度聯發科公司與同事們合影
③ 摸透印度員工個性，才能逐漸融入在地團隊生活
④ 印度員工樂於協商，即使磨合過程激烈，事後也不會影響情誼

十幾年的外派經驗，讓郭耿聰對印度文化累積了深刻的體悟。

摸透印度員工個性，從不適應到欣賞

印度社會深受種姓制度影響，階層與階層間流動性很差，對上一階層的要求只能說「yes」。因此，印度人很習慣說「no problem」，但說完之後要怎麼做就隨他的意了。郭耿聰說：「通常一個月要完成的專案，印度員工會拖到三個月才完成，他們對能否履行約定這件事沒有那麼在意。」

郭耿聰也分享他與印度人印象深刻的「交手」經驗，他說：「有一次，一位印度業務跟我開口要求加薪一倍，我覺得極度不合理，只能告訴這位員工有兩條路可走：一是直接離職，二是當作沒這件事，繼續幹活。」

過了幾天之後，剛好在公司遇到這位員工迎面走來，郭耿聰還在思考要用什麼字眼化解尷尬時，這位員工竟若無其事地跟他聊起天來。

「這就是典型的印度人！他們很敢要東西，但只當成是協商，無論成交與否，一旦過了，就立刻忘記剛才討價還價的過程有多激烈，完全不會影響情誼，」

郭耿聰這麼形容印度人，不管是平常生活中搭車、買東西，或是在職場互動都是如此，這是印度人可愛的一面。

搭上印度換機潮，帶動「山寨機」熱賣

二〇〇七年一月，郭耿聰正式接任聯發科技印度分公司總經理，之前在惠普負責通訊產業銷售業務的他，對該產業非常熟悉，因此很快就找到印度手機市場的機會。

當時，台灣及大陸的功能型手機市場開始飽和，大家都在積極尋找下一個戰場，郭耿聰發現：印度市場即將進入一股換機潮，由於當地消費者在購買新手機時，相對會選擇便宜或多功能機種，這對聯發科當時主打的山寨機來說，無疑是一個絕佳機會。

儘管當時印度的手機產業尚未成形，但郭耿聰說服願意嘗試的在地客戶，同時撮合台灣與大陸有意進軍海外的供應鏈業者，開始在印度市場發動攻勢。

他們制定出符合用戶需求的特定功能，譬如防風沙、防水等，果然深受消費

① 參與手機產業研討會，和與會人士合影
② 外派印度期間，郭耿聰致力於促進台印人才交流與互動
③ 郭耿聰赴印度任職後，先深入了解印度文化，才著手建立更有效率的溝通模式

① 參與印度好友 Priya 的婚禮
② 在印度工作多年，郭耿聰已經與印度夥伴累積了深厚的情感，也會應邀參與重要典禮和活動
③ 郭耿聰參與印度在地舉辦的工商交流活動，並與現場貴賓合影

者青睞，山寨機在印度市場掀起熱潮，短短兩年，滲透率從百分之一、二飆升到百分之三十七、三十八，所有業者都前仆後繼加入了這場戰局。郭耿聰笑著說：「我記得當時最受歡迎的機種是內建五個大喇叭的款式，因為務農或做工時，可以將音樂放到很大聲。」

不過，郭耿聰心知肚明，這套做法頂多只能撐兩、三年，一旦印度客戶找到適合的供應鏈夥伴後，聯發科的角色就很容易被取代。因此，他開始將焦點轉向提供軟體與應用服務，同時也思考如何橋接印度與台灣的手機產業，甚至是如何回饋與協助當地民眾等議題。

郭耿聰說：「過去在制度完善的大企業內部工作，沒有開疆拓土的壓力，前往印度之後，才發現這正是我想做的事情，不僅激發了內心的熱情，也改變了自己的價值觀！」

價值觀深受衝擊，重燃自己的熱情

郭耿聰坦言，起初沒想過會常駐印度，以為只是幫忙整頓印度分公司，但

想對台灣及年輕人說的話

台灣年輕人未必要走出去，但一定要有可移動的能力，讓自己可以掌握環境，而非受制於環境。

到印度之後，深刻體會到當地生活條件不好，以及人生而不平等的現實，衝擊很大。「年輕時，被生活壓力及社會給予的期待拉著跑，工作穩定、經濟條件比較好之後，才開始追求馬斯洛人類需求五層次理論（Maslow's Hierarchy of Needs）中較高層次的需求，」郭耿聰感慨地說。

譬如，印度生活環境差，吃的、住的都不如台灣優質，「有些同事邀親友來印度玩，結果很多人玩到一半就想回家了，還直說要帶小朋友來這裡體驗一下，讓他們懂得惜福，」但郭耿聰並不計較這些東西，反而體會到有許多比追求金錢更重要的事情。

郭耿聰說：「我發現這才是我要的！」於是，他不再只是被動接受總部任務，而是主動出擊，從當地市場需求出發，建議總部發展適合當地的解決方案，也開始做醫療物聯網、手機人才培訓計畫等公益性質專案，不僅把台灣手機業界帶進印度，也對印度偏鄉的醫療環境做出實質貢獻。

當時，郭耿聰協助聯發科，為印度市場開發了一套物聯網心電圖遠距看診演算法，並使用這套系統下鄉，在印度各地提供預防心臟病檢測活動，搭配寶萊塢電影放映時段，在中場休息時播放衛教宣傳影片，結果整個系統僅花費新台幣兩百萬元，用短短一年半的時間，就幫助了高達三十萬位民眾接受衛教，甚至早期發現並治療心臟病。

另外，他也協助聯發科將印度電子資通訊科技部（Ministry of Electronics and Information Technology, MeitY）與台灣相關部會的資源串接起來。讓印度資通訊產業的中高階主管，有機會前往台灣進行理論與實作並重的扎實訓練，不但為印度培訓手機產業人才，也將台灣的生態鏈帶進印度，開啟關鍵零組件業者、設計代工業者找到印度合作夥伴的契機。

「這個訓練班就像是黃埔軍校一樣，至今許多印度手機業的高階主管，看到我還會喊我校長呢！」郭耿聰開心地說。

面對國際「野狼」競爭，台灣應拿出企圖心

從最初的語言、飲食習慣極度不適應，到最終闖出一番成就，郭耿聰心中感觸很深。「當年派駐印度工作的台灣人屈指可數，甚至有位台商主管直接問我，

是否在台灣總公司做錯了什麼事，才被派來印度，」郭耿聰也因此驚覺到：原來外派到印度就是一種「發配邊疆」的概念。

所幸，如今時代變了，在政府新南向政策的推動下，愈來愈多人願意到印度、東南亞國家開疆拓土，在印度也更常見到來自家鄉的面孔。

而經常在兩岸及印度跑的郭耿聰也發現，大陸新一代的企業家年輕、企圖心強、思考邏輯條理清楚，已不再是早期我們印象中的「土豪」。至於印度年輕人經過高科技產業的薰陶，也逐漸掌握與國際接軌的競爭力，尤其是想翻身的企圖心非常強烈。

反觀台灣的年輕學子，相較起來缺乏企圖心，未來如何與這些具備「野狼」性格的國際人才競爭，將是非常重要的課題。

郭耿聰認為，台灣內需市場小，高科技產業出口成長也逐漸趨緩，唯有轉做利基型產品才能再創產業高峰，他說：「年輕人不一定都要出國留學或工作，但一定要有可移動的能力，不要被限制住只能留在台灣，同時也要有冒險犯難的精神。」

此外，年輕人也應該找到自己真正的興趣，並從事能引發熱忱的工作，而不是只追求物質生活與名利。郭耿聰說：「如果覺得每天工作就像陷入深淵一樣無法自拔，或者像雞肋一樣食之無味、棄之可惜，那麼奉勸你趕快換，人若只追求馬斯洛需求理論中下層的東西，這輩子會白過。」

郭耿聰認為：年輕人不妨想想，當有一天自己要離開這個世界時，會不會有遺憾？希望別人怎麼描述自己？唯有不斷追求成就感及自我實現，同時思考人存在的價值，找到內心的夢想與熱忱，才能堅持，不輕言放棄，甚至追求「更好」，這樣一來，總會等到機會來臨的那一天。（文／沈勤譽）

了解內心熱忱、
定義何謂成功、
積極掌握機會。

郭耿聰 |簡歷|

- 臺灣大學電機碩士（1985年）、EMBA碩士（2004年）。
- 臺灣大學「領導學程」專任講師。
- Digital Doctor（印度公司）執行長。
- 獲惠普科技「總裁獎」（President Club Award）（1990年）。
- 曾任惠普科技品質暨人力資源處副總經理、資深業務協理（～2000/1）、聯華電子行政長（2000/1～2003/1）、美商科林研發（Lam Research）副總裁兼台灣區總經理（2003/4～2004/10）、聯發科技印度分公司總經理（2007/1～2018/3）。

蔡篤堅 健康亞洲董事長

輸出台灣醫療強項
協助亞洲培訓醫療人才

科技部自二〇一七年迄今，
在東南亞九國設立十二個海外科學研究與技術創新中心，
其中，台泰醫療海外科研中心，就是由蔡篤堅擔任計畫主持人。
藉由科技醫療技術和醫療管理，
體現讓國際驚豔的醫療人才與技術價值，
創造國際社會對台灣醫療經驗的高度信賴。

蔡篤堅，長期投入偏鄉醫療，並藉由科技醫療技術與醫療管理，將愛心傳送到東南亞地區，落實「醫療傳愛無國界」的理念。自二〇〇六年起，便協助協助泰國和印尼政府，進行精神醫療、衛生政策和生命倫理學規劃，榮獲泰國精神衛生獎；二〇一五年則在越南慶和省立醫院協助提升外科和醫療資訊技術，受到越南肯定，簽訂合作，也因此吸引其他東南亞國家的目光。未來將以整合資源方式，建立第一個海外醫學中心和醫學院，為台灣的海外醫療寫下新里程碑。

因科技部研發技術轉移，在屏東基督教醫院和各大醫學中心、教學醫院和主要大學領導人的支持下，蔡篤堅於二〇一八年成立推廣智慧醫院和醫養園區的健康亞洲公司，並出任董事長，致力提升亞洲醫療照護和人文倫理水平，促進醫病信任關係。

「病人直接在家裡測量血糖、血壓，我們在當地診所的醫師，透過雲端即時掌握病人狀況，這種高科技醫療方式，對很多當地人來說是從來沒有過的，」蔡篤堅流露出開心笑容表示，如果有需要時，醫療團隊也有能力實施就地醫療，讓罹患慢性病或輕微疾病的病人，不必再舟車勞頓，四處奔波求醫，相信未來有機會提升東南亞醫療品質。

花蓮玉里成功經驗，成為前進海外的起點

蔡篤堅在東南亞成就的足跡，要回溯到花蓮玉里。

在偶然的機會下，透過一位學生他得知，台北榮民總醫院玉里分院從肯定病患的殘餘功能出發，以精神療癒機構及附近社區的治療性社區概念，為長期滯留醫院的慢性精神病患者，建構出足以支持患者完整且連續性的照護。

「我看到他們的做法與成就，嚇了一大跳，因為這可說是實現了全世界精神醫學的夢想，」蔡篤堅說。於是，一方面，他向院方提議可向衛生署申請科技計畫補助，除了擔任計畫總顧問，也讓自己的團隊協助執行，希望把這個值得驕傲的成果，擴大延續。

另一方面，院方也帶著這個成果，參加「哈佛大學與墨爾本大學亞洲精神醫學領袖訓練營」。沒想到，吸引了哈佛大學醫學院醫學人類學教授拜倫・約瑟夫・古德（Byron Joseph Good），以及學者哈里・米納斯（Harry Minas）的注

① 2008 年蔡篤堅參與社區總體（健康）營造講座
② 2009 年參加「施純仁教授與其時代」座談會

意，自費前來台北榮民總醫院玉里分院考察。

由於古德教授當時的研究方向是後殖民論述，恰好是蔡篤堅的研究專長與實務經驗之一，兩人很快在專業上建立了良好關係，古德於是邀請蔡篤堅，到他正在研究的印尼去看看。這一去，「開展了全新的機會，」蔡篤堅說。

「當年我們認為，印尼可以成為第一個海外基地，可是仔細一想，印尼人口有二・四億，實在太大了，」於是，蔡篤堅取得了臺大醫院等醫學中心的協助，說服東南亞國家到台灣學習醫療起步，並且提供人才培訓機會，在國內各跨醫學中心網絡的共同支援下，終於獲得協助印尼建立該國第一個教學醫院的機會。

二〇一九年五月，台泰醫療海外科研中心赴巴淡島與印尼國際商業協會（International Business

Association, IBA）洽談合作，協助規劃與經營醫院，並提供人才培訓，蔡篤堅說：「我們希望提升印尼的醫療水平，民眾不需要再到新加坡看診，甚至期待能吸引新加坡人來印尼看診。」

融入新文化不二法門：交朋友、找老師

蔡篤堅擁有豐富綿密的國際人脈，但他和團隊在海外最早建立的印尼基地，卻在近年才開花結果，可見在海外要有所成就，其實沒有想像中簡單。「人生到處都有困難，但是要勇於跨出舒適圈，」蔡篤堅鼓勵年輕學子，如果沒有這樣的勇氣，會少了很多學習機會。

然而，身處異文化，蔡篤堅如何取得當地人的信任？他說：「我認為最大的困難，是不了解當地的各種習慣。我用兩個方法克服，第一個是交朋友，大家集思廣益，一起解決問題；第二個找老師，三人行必有我師焉。在過程中，甚至在朋友的導引下，要融入任何一個文化圈，都會是最快的。」

所謂「習慣」，蔡篤堅舉例說明：「譬如，一群人同桌吃飯，有位總理夫人

要幫你挾菜，有時候你若拒絕，表示不尊重對方；但有時候，你卻必須表明『謝謝，我自己來就好』，剛接觸一個新的文化，如果沒有朋友教你，哪裡會懂呢？」

面對陌生的海外環境，蔡篤堅往往會單槍匹馬先去「探路」，在與當地人建立深刻的關係之後，才慢慢把團隊帶過去，當所做的事和專業獲得當地人的尊重和信賴之後，自然就能水到渠成、事半功倍。

至於該如何找老師？蔡篤堅從學生時代起，就有主動結識不同領域老師的習慣。當時就讀陽明醫學院的他，在臺大、政大各校也有老師，譬如王邦雄、李鴻禧、葉啟政、何懷碩，甚至是知名人類學家中研院院士李亦園。他通常是讀到某位學者或老師的書之後，想辦法去聽老師的演講，在演講場合主動提出問題請益。

這些老師們除了傳授知識，也給他言教的力量。談到影響自己最大的人，蔡篤堅說是小學二年級的一位王老師，曾經寫下「謙受益，滿招損」的字句給他。這對於長大後的他在海外拓展時，有極大助益，蔡篤堅說：「唯有謙虛，才可以看到別人的優點；同時，也才能夠誠懇面對自己的無知。如此一來，你才會看到別人所擁有的，才有機會借力使力。」

① 蔡篤堅選擇泰國做為往東南亞開展的總部
② 2016年蔡篤堅帶領外國友人參訪台灣醫療機構
③ 蔡篤堅經常前往東南亞各地考察及辦理人才培訓活動，圖為2017年在泰國與友人餐敘合影

① 蔡篤堅經常受邀參與社區醫療體系演講
② 2019 年參與南機場辦桌活動

除了取得當地人的信任之外，適時展現勇氣，也為蔡篤堅建立了牢固而深厚的友誼。

蔡篤堅回憶：有一次泰國曼谷大淹水，但是他仍然飛到當地參加聯合國教科文組織（UNESCO）會議，沒想到會開到一半，大水漫過對外的主幹道，有些學者急著帶妻小離開，蔡篤堅則拿著事先準備好的小禮物，走到淹水的最前線，找到在公共衛生部門服務的朋友，把禮物交給對方，才搭乘高架捷運離開。

以泰國為中心，延伸至印尼、越南、柬埔寨

善於借力使力的蔡篤堅，選擇有意在東協成為領頭羊、醫療體系發展健全的泰國，建立起往東南亞開展的總部，並打造醫療科技人文發展中心，做為台灣與東南亞產學交流營運樞紐。

接下來，他還預計在越南、柬埔寨、印尼、印度和馬來西亞，打造新南向計畫合作網絡，努力促成跨國夥伴關係。群島以印尼為中心，延伸到中東回教地區；半島以泰國為中心，涵蓋所有深受佛教影響的國家；並獨立經營印度，設立次中心於越南，各國提供長久例行性的交流經費，進一步合作成立台灣醫療境外人才培訓和示範中心。

蔡篤堅一開始就得到泰國公共衛生部精神衛生司的支持，在曼谷首屆一指的國家頂尖兒童發展中心，建立計畫辦公室；同時在泰國北部的清邁，和泰國東北部的孔敬兩大城市，建立區域次中心，共同策劃世界衛生組織協作中心的活動，也提出共同協助寮國、柬埔寨和緬甸的藍圖。

至於在越南，除了與慶和省立醫院合作，也促成協助越南國家最大的白梅醫學中心，包括河內醫科大學，開始建立全國性的示範計畫，提升社工部門在內的照顧服務專業培訓，延伸到胡志明市甚至隆安省，影響力可說是涵蓋越南全國。

在此基礎之上，蔡篤堅得到了屏東基督教醫院的全力支持，加上募資成果，成立健康亞洲公司，為各國發展永續健康體系經營，順利將原本在不同國家的合

想對台灣及年輕人說的話

要有海洋經略世界的胸襟。

作網絡，提升為有財務自主能力的科研、教育和區域發展中心。

此外，因為長年獲得科技部支持，從過往攸關部落社區總體營造和智慧生活實驗室的科技部計畫中，累積不少經驗，提供足以跨越文化藩籬、資訊知識鴻溝，乃至健康識能落差的跨國夥伴關係營運方法學，對於健康亞洲公司之後執行的計畫與工作，助益頗大。

秉持醫療初心，要給弱勢特別的機會

看著這十多年的海外歷程，蔡篤堅認為，最重要的成果是成功塑造台灣為東南亞醫療和精神復健人才培訓中心，更將智慧生活平台擴大於東南亞社區，建立國際健康資料保存與分享機制，打造出讓台灣醫療人員獲得肯定和尊重的國際平台，讓他們的價值和光芒被國際看見。

蔡篤堅有感而發地說：「人類的價值應該是和平、友愛、共存、共榮，醫療界可以爭取人民信賴，塑造出尊重人權和專業的市民社會。我相信，它能成為一個獨立於各國意識型態之外，重要的社會群聚平台。」

「而且，醫療的初心，就是讓人免於身體、心靈和社會的痛苦，所以我們最終目標在此，特別是幫助弱勢族群，」蔡篤堅至今仍然記得，那些他所敬仰的李鴻禧、李亦園、武光東教授等前輩，期勉醫師一定要跟最弱勢的人在一起的教誨。他也沒有忘記，美國七〇年代對世界產生極大影響力的思想家約翰・羅爾斯（John Boardley Rawls），曾經出版《正義論》（*A Theory of Justice*）一書，其中提到正義就是每個人都要平等，「但是我們要給最弱勢的人特別的機會，這就是正義，為弱勢者打抱不平。」

健康亞洲公司的名片主色，是象徵海洋的藍色，搭配象徵醫師白袍的白色。蔡篤堅說：「台灣以海洋立國，海洋的特性是包容，抱持著以直報怨、公平理性、以德報德的精神從事國際事務，做到廣泛交遊、以德服人，在各方面都會得到非常好的福報。」

他也鼓勵年輕一代，心有多寬，世界就有多大，唯有多方學習，友直、友諒、友多聞，相互成全，能夠欣賞別人，才能真正反省和珍惜自己，培養迎向共榮世界的領袖特質。（文／李偉麟）

厚德載物。

蔡篤堅 |簡歷|

- 陽明醫學院醫學士（1988年）、密西根大學安娜堡分校文化與歷史社會學博士（1996年）。
- 台灣社會改造協會創會理事長（2003年）。
- 陽明大學衛生福利研究所暨通識教育中心教授（2003年迄今）。
- 屏東基督教醫院講座教授／生命倫理暨社會醫學中心主任／國際醫療事業發展中心執行長（2016年迄今）。
- 獲科技部2018未來科技展未來科技突破獎（2018年）。

賴正光　百進生技創辦人

苗栗客家囝仔　創建美歐亞生技帝國

百進生技（BioLegend），是全球最大的抗體供應商。來自台灣的創辦人賴正光，曾獲全球知名會計事務所頒發「年度傑出企業家獎」，堪稱「台灣之光」。成功背後，其實是十七年來踏實走出每一步的奮鬥歷程，沒有漂亮學歷的賴正光說：「雖然是敗部，但只要努力，敗部也能變冠軍。」

距美國聖地牙哥知名的生技聚落索倫托谷東南方不到十分鐘車程，有一條名為「BioLegend Way」（生技傳奇大道）的道路，沿著這條路行駛，可以通往全球流式細胞抗體試劑的龍頭公司「百進生物科技」。

這個名字背後，述說的正是一個來自苗栗山區的客家囝仔，如何走出台灣、成為華人生技傳奇的熱血故事。

自二〇〇二年創辦百進生技的第一天開始，創辦人賴正光便立下志向，要成為生技界的傳奇，所以他將公司取名為「生技傳奇」（BioLegend）。口氣很大，但賴正光並不是那種強調神奇醫療效果的投機者，事實上，他所執行的商業模式極為踏實，甚至有些平凡。

相較於競爭激烈與失敗率極高的新藥開發，賴正光選擇從源頭切入，為科學家與研究學者提供免疫療法醫藥開發中，不可或缺的抗體及研究診斷試劑，從免疫、神經醫學、癌症到幹細胞等領域，產品線超過兩萬種。

如果說，免疫療法的新藥是神奇子彈，可以一舉消滅癌細胞，那麼百進生技就像是這些子彈的「軍火庫」。若是百進一天不出貨，許多大學、醫院、藥廠和醫療研究中心的新藥開發作業就會受到嚴重影響，百進生技可以說為人類醫學創造了極大的貢獻。

憑藉著扎實的研發能力與優異的產品，目前百進生技除了美國總部之外，包含英國、德國、法國、日本、荷蘭、中國、台灣都設有分公司，全球員工超過五百人，其中高達五分之一都具有博士學位。

完美融合科學家與企業家的角色，讓賴正光在二〇一六年獲得全球知名安永會計師事務所頒發的「二〇一六年度傑出企業家獎」（EY Entrepreneur of The Year 2016）。他是聖地牙哥地區生命科學領域唯一獲此殊榮的人，甚至還進入全美最後決選、角逐全國大獎的四人名單中。

從一個苗栗山區的客家孩子，一躍成為全球最大的抗體公司董事長，建立橫跨歐美亞的生技帝國，賴正光是怎麼辦到的？

沒當成醫師，投入免疫領域貢獻更大

雖然貴為跨國生技集團的最高掌舵者，賴正光卻出乎意料地親民，與他約時

① 百進生技在聖地牙哥打造全新園區
② 百進園區開幕當天，賴正光與聖地牙哥市市長（右二）和公司主管合影

間採訪，不需要透過祕書或助理，全由他親自回覆。在忙碌的日常行程中親力親為，還能將公司與生活安排得井井有條，從中也可一窺賴正光身上嚴謹與自律的科學家特質。

小時候想當醫生，卻意外進入屏東農專（現屏東科技大學）獸醫系，雖然與預期有落差，但賴正光始終對生物保有極大的熱情。他在大四時修了「進階免疫學」的學分，開始接觸、了解單株抗體[1]在新藥開發上的應用，發現它就像「神奇子彈」一樣，能夠鎖定並精準殲滅癌細胞，不會誤殺身體的好細胞，造成免疫系統崩潰。

賴正光表示：「Georges Köhler和César Milstein這兩位科學家對我的啟發很深，他們以開發融合瘤細胞單株抗體生成技術[2]，獲得一九八四年諾貝爾醫學獎。」最令賴正光感動的不只是這兩位科學家的研發成果，「他們對人類最大的貢獻，就是沒有把發明用專利圈起來賺錢，而是公開發表，讓大家都可以應用他們的技術去開發新抗體。」

深受這種精神感動的賴正光，結合了自己從小想要醫治癌症的醫生夢，得出精準醫療的願景。自此之後，賴正光的事業發展路徑始終沒有偏離免疫學以及抗體研發的大方向。

畢業後，賴正光進入當時台灣剛開始推動的生技產業工作，在竹科永進公司負責生產製造B型肝炎診斷試劑，但是試劑在大量生產過程中，卻出現品質不穩定的問題，「流程都沒錯，可是我一直被檢討，所以我知道裡面一定有學問，我要再去念書弄懂它，」賴正光說。

除了精進學問外，對賴正光而言，選擇赴美深造還有一個重要原因，「你要

---

1 利用人類基因重組的單株抗體（Monoclonal Antibody，簡稱單抗）屬於大分子結構，是一種蛋白質藥，可治療以往無藥可醫的重症疾病，像是癌症、HIV病毒感染等，且較少有全身性毒性的問題，在藥界有「神奇子彈」的美譽。

2 利用細胞融合技術，將產生抗體的B細胞與能不斷分裂增殖的癌細胞融合在一起；這樣的融合細胞可以一面生產抗體，同時又不斷增殖產生更多細胞，而且融合瘤細胞可以用細胞培養的方法，在培養瓶中不斷增殖，大量生產出構造與性質相同的單株抗體。

知道，在當時的台灣，學歷是非常重要的，」這話說得含蓄，但仍不難想見當時只有大專學歷的賴正光在職涯上碰到的挫折，他有感而發地說：「我常說自己是敗部，但只要努力，敗部也能變冠軍。」

出國深造意外創業，搶得市場先機

美國詩人羅伯特・佛洛斯特（Robert Frost）在著名詩作〈未行之路〉（The Road Not Taken）中寫道：「樹林中曾有兩條小路，我選了一條人跡稀少的行走，結果後來的一切都截然不同。」

當一個未知的機會放在眼前時，有多少人會勇於承接？未選擇之路是否會有另一番風景？對賴正光而言，這個問題不需要花太多時間去思考，因為他的人生大目標始終沒有變過，就是在精準醫療的路上，走得更久、更遠。

賴正光在出國前，雖然打定主意要拿到博士才回國，但才在美國進修一年，過去曾在台灣共事過的黃俊明，就向賴正光發出創業邀請，希望共同推動單株抗體在研究市場的應用。

賴正光及其所創立的百進科技，在生技領域上的成就，使其得到來自各界的肯定與獎項，
圖①～③為頒獎現場紀錄

「我很猶豫，但是在學歷與機會面前，我選擇了機會，」當機立斷的賴正光立刻回到學校，在指導教授的鼓勵與支持之下潛心苦讀、做實驗，只用了一年半就取得碩士學位。

還來不及慶祝，賴正光立刻馬不停蹄地收拾家當，然後連開了三天的車前往聖地牙哥。賴正光與黃俊明向家人和親友一共籌了二十六萬兩千五百美元，在一九八七年創立了專門研發、製造並銷售生醫研究產品及診斷試劑的「PharMingen」。

賴正光回憶，當時免疫學的發展才剛起步，根本沒人曉得市場有多大，但正因為大公司不願意冒著風險投入，反而讓PharMingen搶占先機。當時全公司只有四個人，研發、管理、業務都要自己來，但是團隊卻很有向心力，每天辛勤地在實驗室開發新單株抗體，因為產品品質優異，又切合當時的醫學發展潮流，許多研究學者及科學家立刻成為PharMingen的忠實客戶。

靠著PharMingen優異的業績與口碑，在一九九七年吸引了全球醫療生技龍頭BD生物科學（BD Biosciences）的注意，以七千五百萬美元收購。賴正光的第一次創業，可謂是大獲成功。

PharMingen被收購後，賴正光與團隊仍協助ＢＤ建立相關業務，擔任營運副總裁期間，賴正光開始在理性的科學思考之外，加入商業經營管理的思維能力。

「ＢＤ是個規模很龐大的公司，我在ＢＤ擔任高階經理人，從公司的營運、人員管理、制度化到商業策略，等於有了完整的訓練，」賴正光很有自信地說，掌握了這套思維系統，即使在不同產業、產品或領域，都能夠很快上手。這五年的訓練，也成為賴正光二次創業的養分。

危機入市二次創業，務實深獲市場青睞

二〇〇二年，賴正光離開ＢＤ，創立了百進生技。在別人眼中，這是一個非常冒險的決定。

賴正光說：「你知道二〇〇〇年發生什麼事？就是網路泡沫化嘛！」一夕之間，華爾街股市大跌，資金緊縮，企業倒閉的消息鋪天蓋地而來，怎麼看都是一個亂世。但偏偏就在此時，賴正光決定第二次創業。

在市場如此低迷的時刻創業，加上當時競爭者眾多，身邊的人都不看好。面對不樂觀的聲音，賴正光卻始終沒有懷疑過自己的決定。

「市場很多人做，但都是亂做！隨便一家不怎樣的公司都可以拿到大筆資金，」自從賣掉PharMingen之後，賴正光就一直在思考：「如果再成立公司的話，我要用對的方法來教這些公司怎麼做。」

憑著一股想要撥亂反正的硬氣，賴正光的第二次創業，一開始就奔著成為生技界傳奇的高標準前進。賴正光相信，只要扎扎實實地投入研發，把產品做好，市場自然會給出正面的回饋。事實上，公司在銷售上頻頻傳回捷報，證明了賴正光的判斷非常精準，也讓他更有底氣，不需要花太多時間尋求資金。

百進生技剛起步時，賴正光曾在台灣代理商的牽線下與幾家創投會面，但是不喜歡畫大餅、賣夢想的他，並沒有獲得創投的青睞。「我根本不在乎，」賴正光不改直率的脾氣，直言：「當然，資金愈多，公司成長速度會更快，但做對的事更重要，否則就算給你五億，你還是覺得不夠。」

百進生技二〇〇三年開始銷售產品，二〇〇五年就已經達到損益兩平，二

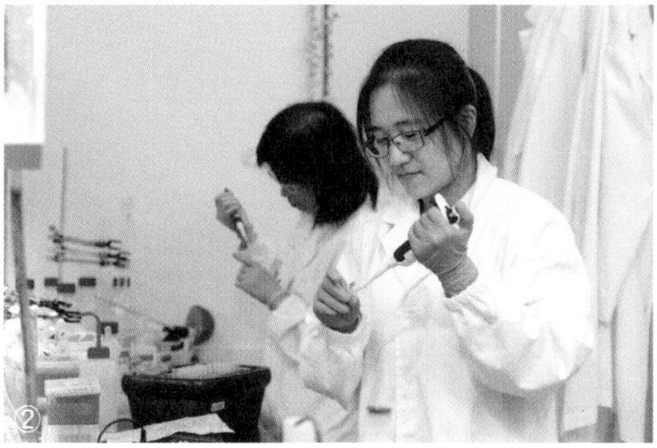

① 賴正光與台灣研發團隊
② 百進生技在台灣設立的研發中心，將聚焦免疫、蛋白合成及新抗體研究

〇〇六年公司開始獲利。「因為我對品質要求很嚴格，所以百進的口碑很好，在很多評鑑中都名列前茅，」賴正光得意地說。

沒有所謂的成功，目標在挑戰超越過去

從結果論來看，百進生技無疑是成功的，穩居全球第一大抗體及試劑供應商的龍頭地位，但對賴正光而言，從來沒有所謂的「成功」，每一天、每一年，都要挑戰超越過去的成績。

「很多人問我，我們現在是第一名還是第二名？競爭者是誰？」賴正光從不在意這些問題，他認為，不用管百進是第一還是第二，也不必理會競爭者，只要記住：如果今天不努力，明天一定會被別人超越。

賴正光始終相信，願景要遠大，目標要訂得遠，

才知道往哪裡去，「就像特斯拉執行長馬斯克說要去火星，大家都在笑他，卻不知道他是在挑戰自己，就算最終到不了火星，至少他會走得比月球還要遠。」

別人眼中的敗部，靠努力闖出一片天

二〇一九年五月，賴正光耗資一億四千萬美元打造的百進新園區落成，在啟用典禮上，包含聖地牙哥市市長、諾貝爾生理／醫學獎得主詹姆士・艾利森（James P. Allison）、加州大學聖地牙哥分校醫學工程學院院長、中央研究院院士錢煦等國際免疫療法權威及國際重量級學人，都親臨現場祝賀。

看似風光無限，賴正光卻非常感慨，「其實我以前是別人眼中的敗部，」在賴正光初中時，父親將戶籍從苗栗西湖遷到市區，為了上學，他每天早上五點就要起床，走一小時左右的山路到南勢車站搭火車，下課後連降旗典禮都來不及參加，得趁著天色還亮時，趕去苗栗車站搭火車再走山路回家。

「其他同學下課後在做什麼？他們都去補習班，」賴正光隔天到學校時，老師問：「不懂的舉手。」明明是還沒教到的內容，卻沒有人舉手，賴正光也不敢

想對台灣及年輕人說的話

不要被眼前的困難嚇到，台灣就可以跟全世界做生意。2020年，百進生技將進駐竹北生醫園區，希望透過我們的力量，培育更多優秀的生物科技人才。

問老師或同學，跟不上進度，成績自然從原本的前段班慢慢落後，國、高中時期的求學與挫敗，是賴正光人生最黑暗的時候，連帶影響大學也沒考好。

「當時勝部是臺大醫科，我們屏東農專就是敗部，」但是賴正光並沒有因為一時的考試失利就灰心喪志。直到今天，他都還記得當時病理學教授劉正義第一天上課時說的話：「我知道這裡不是大家的第一志願，大家都想去臺大，但同學們只要好好努力，今天做不了臺大的學生，以後你們可以當臺大學生的老師。」

這段話激勵了賴正光及其他同學，他笑著說：「老師的一句話，真的可能會影響學生一輩子，我的同班同學張紹光，現在就是臺大獸醫系的教授，真的當了臺大學生的老師。」賴正光也想用自己的經歷鼓勵年輕人，將眼光放得長遠，持續努力，終究會收穫豐盛的果實。

「台灣現在出國留學的人愈來愈少，很多人怕自己英文不好，其實根本不用怕，」賴正光以過來人的身分建議，只要保有學習的態度，所有人都會願意提供協助，關鍵在於要保有開闊的眼界，不畏懼眼前的困難，才能走向世界。（文／王維玲）

The best way to predict future
is to create it.
-Abraham Lincoln

賴正光 |簡歷|

- 首度創業，創立PharMingen（1987年）。
- 美國路易士安那州立大學微生物學碩士（1988年）。
- 創立BioLegend（2002年）。
- 獲安永會計師事務所頒發「2016年度傑出企業家獎」（2016年）。

下一個勇闖天涯的故事
主角就是你

世界已經改變了！

年輕人的舞台就在全世界各地，
唯有與國際社會各領域的專業人士進行頻繁交流，
我們才能把世界帶進台灣、把台灣推上國際舞台。

年輕的學子們，這二十個故事就是最佳典範，
只要有做夢的勇氣、築夢的計劃力，以及實現夢想的執行力，
下一個勇闖天涯、翻轉人生的主角就是你。

MADAGASCAR
MUMBAI
KARACHI
DELHI
DHAKA
KOLKATA
Bangkok
Colombo
SRI LANKA
MALDIVES
Riyadh
AFGHANISTAN
TURKMENISTAN

BCB685

勇闖天涯 翻轉人生
寫給年輕人20個築夢踏實的故事

採訪撰文 — 王怡棻、王珍翔、王維玲、朱乙真、李偉麟、沈勤譽、陳慧玲
採訪協力 — 科技部
主　　編 — 羅德禎
責任編輯 — 李美貞（特約）
文字編輯 — 陳永信（特約）
封面設計 — 季曉彤、何仙玲（特約）
版型設計 — 鄒佳幗
攝影 — 許宏偉（P79、88、91）、黃鼎翔（P17、26、29、74、93、102、123、132、137、139、146、155、187、196、199、201、211、213、265、274、279、295、307、309）、賴永祥（P47、58、61、229、241、242、246、247、281、290、293）
圖片提供 — 李悅寧（P20、25）、吳哲民（P31、34、37、38、42、45）、林家櫟（P50、53、54、57）、張琬菁（P63、66、69、70、73、77）、張秉霖（P83、84、87）、陳介涵（P95、98、101、107）、黃敏祐（P109、112、115、116、118、121）、劉彥良（P126、128、131、135）、劉峻誠（P142、145、146、149、151）、連文慧（P159、163、164、167、168、171）、高子翔（P173、175、176、178、181、185）、高國興（P190、193）、熊樂昌（P204、207、208）、蔡忠伊（P215、218、224、227）、黃韻如／賴育宏（P232、235、236、239）、俞寧寧（P251、254、259、261、263）、郭耿聰（P268、271、272）、蔡篤堅（P284、287、288）、賴正光（P298、301、305）

出版者 — 遠見天下文化出版股份有限公司
創辦人 — 高希均、王力行
遠見・天下文化・事業群　董事長 — 高希均
事業群發行人／CEO — 王力行
天下文化社長／總經理 — 林天來
國際事務開發部兼版權中心總監 — 潘欣
法律顧問 — 理律法律事務所陳長文律師
著作權顧問 — 魏啟翔律師
地址 — 台北市104松江路93巷1號2樓
讀者服務專線 —（02）2662-0012
傳真 —（02）2662-0007；2662-0009
電子郵件信箱 — cwpc@cwgv.com.tw
直接郵撥帳號 — 1326703-6號　遠見天下文化出版股份有限公司

國家圖書館出版品預行編目(CIP)資料

勇闖天涯 翻轉人生：寫給年輕人20個築夢踏實的故事 / 王怡棻等採訪撰文；羅德禎主編. -- 第一版. -- 臺北市：遠見天下文化, 2020.02
面；　公分
ISBN 978-986-479-940-4(平裝)

1.自我實現 2.成功法 3.個案研究

177.2　　109001114

電腦排版 — 立全電腦印前排版有限公司
製版廠 — 中原造像股份有限公司
印刷廠 — 中原造像股份有限公司
裝訂廠 — 中原造像股份有限公司
登記證 — 局版台業字第2517號
總經銷 — 大和書報圖書股份有限公司 電話／(02)8990-2588
出版日期 — 2020年2月9日第一版第1次印行

定價 — 480元
ISBN — 978-986-479-940-4
書號 — BCB685

天下文化官網 — bookzone.cwgv.com.tw